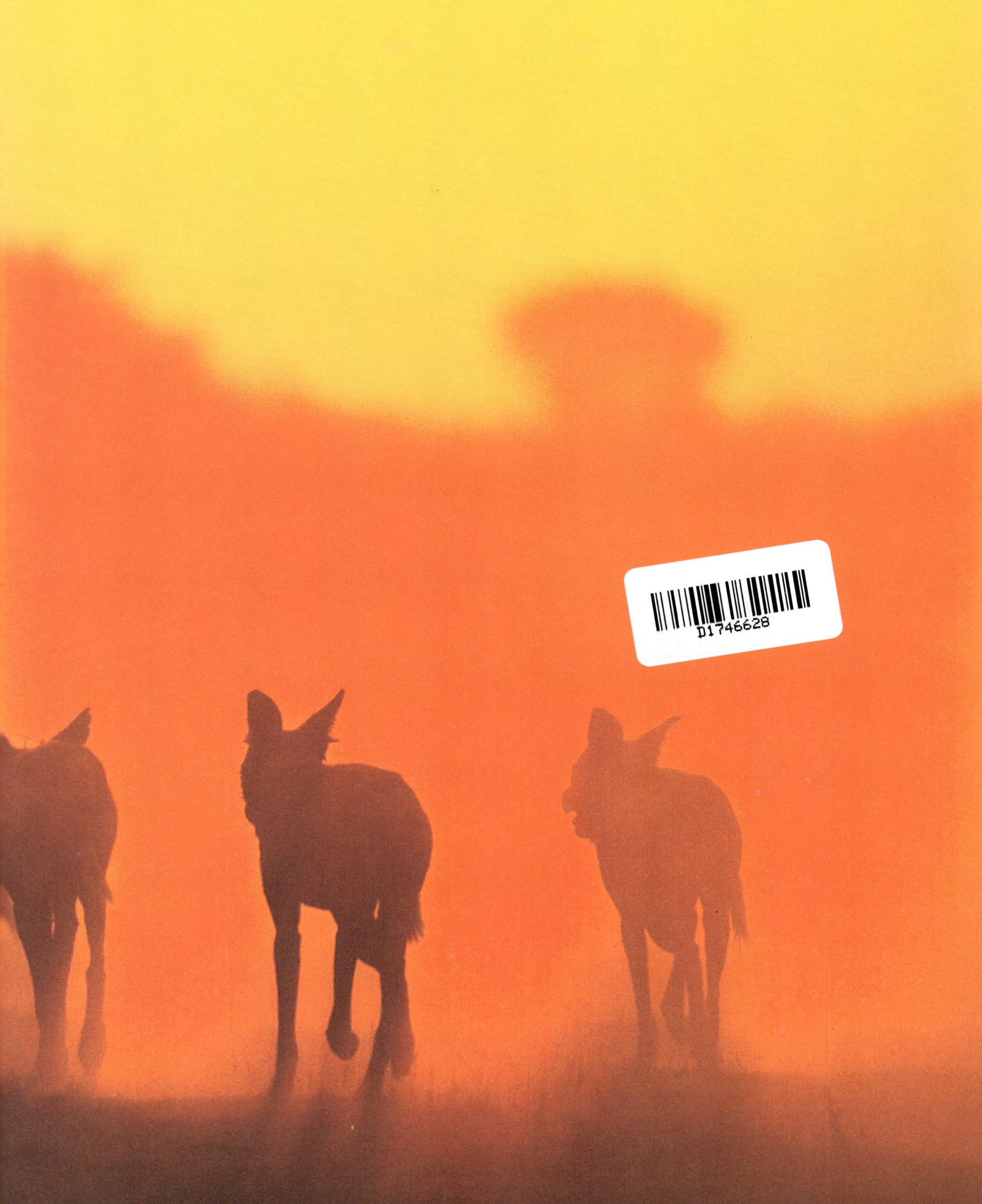

AFRIKA
Bewahrte Wildnis

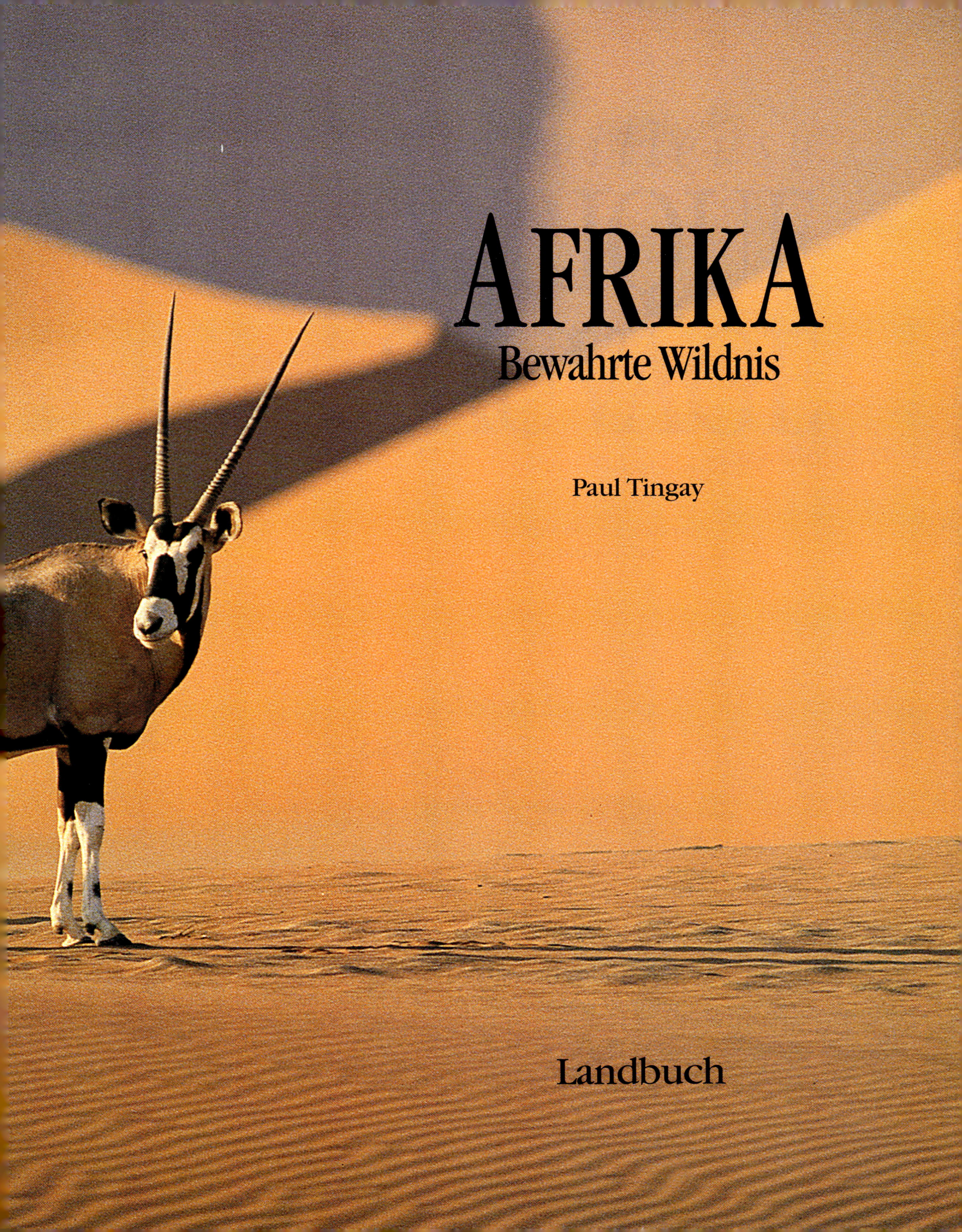

AFRIKA
Bewahrte Wildnis

Paul Tingay

Landbuch

Danksagung

Der Textautor möchte allen Afrikanern danken, mit denen er bei der Vorbereitung dieses Buches zu tun hatte –
vom Forstmann des Mount Kenya bis zum Geländewagenfahrer im Karru, vom namibischen Beamten des
Fish River Canyon bis zum Koch in Addis Abbeba und Berghonigsammler Simbabwes. Sie alle haben ihm ihre
Großzügigkeit, ihre Zeit und vor allem ihr Lachen geschenkt, so daß der Besucher sich wie zu Hause fühlte.
Ein besonderer Dank geht außerdem an Mike und Pip Curling, Ann Tingay, Peter Joyce, Chris und
Shelagh Milton sowie Professor Julie Hasler.

© Landbuch-Verlag GmbH, Hannover, 1996

Titel der Originalausgabe: *Wildest Africa*
© New Holland (Publishers) Ltd., London, 1995

Alle Rechte vorbehalten. Reproduktionen, Speicherung in Datenverarbei-
tungsanlagen, Wiedergabe auf elektronischen, fotomechanischen oder ähnli-
chen Wegen, Funk und Vortrag – auch auszugsweise – nur mit Genehmi-
gung des Verlages.

Übertragung aus dem Englischen: Dr. Helge Mücke, Hannover

Satz: Landbuch-Verlag GmbH, Hannover
Bild: Hirt & Carter (Pty) Ltd., Kapstadt
Druck und Einband: Tien Wah Press (Pte), Singapur
ISBN 3 7842 0541 0

Inhalt

Übersichtskarte zu Afrika 7

Einführung 11

Rift Valley 27

Wüste 77

Regenwald 119

Flüsse 143

Im Veld 185

Küste 215

Stichwortverzeichnis 240

Weitere Literatur über Afrika

Für den Leser, der sich vertieft mit Afrika beschäftigen möchte,
seien hier einige Hinweise auf weiterführende Literatur gegeben:
Amin, Willetts, Marshall: *Reise durch Tansania* (Landbuch, Hannover)
Amin, Willetts, Shah: *Reise durch Namibia* (Landbuch, Hannover)
Amin, Willetts, Tetley: *Kenia – Reisen im Garten Eden* (Landbuch, Hannover)
Amin, Willetts, Tetley: *Reise durch Simbabwe* (Landbuch, Hannover)
Bannister, Patterson: *Reptilien Südafrikas* (Landbuch, Hannover)
Branch: *Southern African Snakes and other Reptiles. A Photographic Guide* (Struik, Kapstadt)
Gordon, Bannister: *Nationalparks in Südafrika* (Landbuch, Hannover)
Sinclair: *Field Guide to the Birds of Southern Africa* (Struik, Kapstadt)
Smithers: *Land Mammals of Southern Africa* (Southern, Johannesburg)
Stuart: *Photographic Guide to the Mammals of Southern, Central and East Africa* (Struik, Kapstadt)
Sycholt, Schirmer: *Dies ist Südafrika* (Landbuch, Hannover)
Williams, Arlott: *A Field Guide to the Birds of East Africa* (Collins. London)

Bezug aller genannten Titel und weitere Informationen durch:
Ornibook, Versandbuchhandlung im Landbuch-Verlag, Hannover

Bildquellen

ABPL/ D. Balfour 18, 130, 133, 140, 164 u., 167 u., 178-179, 207 u.;
Anthony Bannister 36, 48, 73, 102, 103, 104/05, 107 o., 107 u., 109, 116/17, 152, 158, 168/69, 190, 191, 214, 219 o., 220, 229, 232, 233;
A. Binks 28-29, 56, 57, 75 o., 131; D. Carew 155; G. Cunningham 163 u.;
N. Dennis 154 o., 181 o., 195, 201 u., 237; P. Donaldson 1;
B. Durham 236; A. Frankental 64; K. Geier 119; P. Hagelthorn 225;
C. Hagner 22, 72, 189, 207 o., 218; D. Hamman 67 u.; L. Hay 200;
B. Joubert 70, 183; J. Laure 118, 138; C. van Lennep 231 u.;
R. Nunnington 2-3, 113; S. Peacock 142; P. Pinnock 235 u.;
H. Potgieter 192/93; B. Ryan 21 o.;
J. Ryder 197; A. Shah 34, 35, 37, 46/47, 50, 52, 62, 63 o., 63 u., 71;
C. Swart 219 u.; K. Switak 112; P. Tarr 108; G. Thomson 15, 51, 161 u.

NHPA/ H. Ausloos 14 u.; D. Heuclin 126 o., 126 u., 139 u.; C. Ratier 14 o.

PHOTO ACCESS/GETAWAY/ D. Bristow 132 o., 132 u., 137;
D. Steele 23, 31 o., 122, 123, 124 u., 125, 134, 136 o., 151, 228, 234, 235 o.;
P. Wagner 19, 20, 32 u., 58, 59, 114, 144/45, 146.

PHOTO ACCESS/PLANET EARTH/ K. Kammann 135.

PLANET EARTH/ J. Scott 5, 17, 43, 170, 171.

PHOTO ACCESS/ P. Blackwell 120/21, 124 o., 127, 128, 129, 136 u., 139 o., 141, 143; P. Lawson 159; A. Stevens 106; B. u. L. Worsley 148.

SIL/ D.Balfour 30, 31 u., 42 o., 42 u., 44, 45, 50 u., 173;
Andrew Bannister 4, 27, 38, 39, 40, 41, 49, 54, 55, 67 o.;
N. Dennis 21 u., 24/25, 184, 185, 186/87, 188 o., 188 u., 196, 198, 199, 201 o., 202, 203, 211, 215; L. Hoffmann 115, 230; P. Pickford 16, 76, 110, 111, 115, 147, 163 o., 166, 167 o., 173, 194, 224, 226, 231 o.;
P. Ribton 33, 65, 68-69, 156/57;
E. Thiel 216/17.

EINZELNE FOTOGRAFEN (ohne Agentur): D. u. S. Balfour 8/9, 10, 26, 74, 75 u., 53, 66, 77, 78/79, 80, 81 o., 81 u., 82, 83, 84, 85, 86, 87, 89 o., 89 u., 90/91, 92, 93 o., 93 u., 94 o., 94 u., 95, 96, 97 o., 97 u., 98, 99, 100, 101, 149, 150, 153, 154 u., 160, 161, 162, 164 o., 165, 172, 174, 175, 176, 177, 180, 181 u., 182, 183, 206, 208 o., 208 u., 209, 210, 221 o., 221 u., 222, 223;
G. Cubitt 227; W. Knirr 204/05, 212/13, 238/39;
J. Murray 13; Ryno 12 o., 12 u.; P. Tingay 88; S. Voldhek 60/61.

Zu den einleitenden Fotos: S. 1: *Löwen bei der Paarung - Timbavati, Südafrika*; S. 2/3: *Südafrikanischer Spießbock, Weibchen mit zwei Kälbern - Sossusvlei, Namibia*; S. 4: *Samburu in ritueller Kleidung, Kenia*; S. 5: *Gepardenmutter mit ihrem Kind am frühen Morgen*; S. 8/9: *Giraffen vor dem Sonnenuntergang im Etoscha-Nationalpark, Namibia*.

Afrika
Bewahrte Wildnis

Übersichtskarte zu Afrika

Afrika
Bewahrte Wildnis

Einführung

*„Siehe, ich richte mit euch einen Bund auf und mit euren Nachkommen,
und mit allem lebendigen Getier bei euch,
an Vögeln, an Vieh und an allen Tieren des Feldes bei euch ..."*
Mose 9, 9-10

Man höre in Afrika den Trommeln zu. Man höre die sanften Stimmen der Frauen, die tiefen der Männer – es sind die Stimmen Afrikas, die Stimmen der Wüste, der Berge, der Seen, in vollkommener Harmonie. Sie lachen, sie klatschen, sie rufen vor Freude, sie singen mit dem Gras der Savanne, das auf Regen wartet. Und bald kommt von den Bergen, von der Wüste der Geruch nach Staub, und die ersten Tropfen fallen. Über die Ebene donnern die Hufe der Zebras, und aus den hohen Fieberbäumen orgelt der Wind.

Afrika: das Land der Sonne, des weiten Raumes, der Großartigkeit; das Land der Elefanten, Löwen, Leoparden und Giraffen – wie keine andere Gegend der Erde hinterläßt es beim Besucher einen tiefen Eindruck in der Seele. Kilimandscharo, Sahel, Karru, Kalahari, Kongo, Sambesi, Ngorongoro, Nil, Sahara, Viktoriafälle, Serengeti – die Namen alleine schon wecken in uns die Vorstellung von Wildnis, die Sehnsucht danach. Auf den Autobahnen, in den Städten scheinen wir es leicht zu vergessen: unser Bedürfnis nach Raum, Licht und Stille, nach unberührter Wildnis. In Afrika ist sie noch bewahrt – man begegnet ihr in der Glut des Sonnenuntergangs, im Geschmack des wilden Berghonigs, im unerwarteten Anblick eines Leoparden im Mopanebaum.

Afrika wurde geboren – so behaupten die Yoruba in Nigeria –, als es überall nur öde Sümpfe und Wasser gab, wo nur die Kinder niederer Götter auf Spinnweben spielten, die über den leeren Raum gespannt waren. *Ol-orun*, der Allerhöchste, sorgte für festen Grund an dieser Stelle, und er sandte das Chamäleon mit seinen großen, rollenden Augen aus, alles zu beobachten, und das war die Schöpfung der Welt.

Zum größten Teil besteht Afrika aus einer Hochebene auf einem uralten einzelnen Felssockel, der stellenweise seit 3 500 Millionen Jahren existiert. In einem frühen Stadium war er mit Südamerika, Indien und Australien zu dem Superkontinent Gondwanaland verbunden. Heute ist Afrika, der zweitgrößte Erdteil, nur noch mit Asien durch einen schmalen Landstreifen verknüpft. 30 Millionen Quadratkilometer Fläche nimmt Afrika insgesamt ein, über eine Länge von 8 000 Kilometern erstreckt es sich, was Mittel- und Südamerika zusammen entspricht.

In Afrika leben mehr Nationen als auf allen anderen Kontinenten. Das größte Land ist der Sudan, mit etwas mehr Fläche als Indien, das dschungelreiche Zaïre ist fast genauso groß, während Äthiopien, Angola, Niger, Südafrika und Mali jeweils etwa der fünffachen Fläche Großbritanniens entsprechen. Der

Einführung

Nil in Nordafrika ist der längste Fluß der Erde. Der Kilimandscharo – mit seinem schneebedeckten Gipfel eines der Wahrzeichen Afrikas – ist 5895 Meter hoch und damit der höchste freistehende Berg der Erde. Die Sahara, früher eine wildreiche Savanne, ist heute die größte Wüste unserer Welt.

Zwar stellt man sich Afrika gewöhnlich als einheitliches Ganzes vor, doch ist dieser Erdteil – so groß wie China, Westeuropa, Indien und die USA zusammen – in Wirklichkeit ein Kosmos aus den verschiedensten Landschaften. Mit jedem Teil, den man bereist, erlebt man eine neue Facette. Vom kühlen Ozean an der Küste der Südspitze gelangt man rasch auf eine staubige Hochebene mit vielen Bergen, wilden Blumen und Schnee im Winter. Überquert man den schlammigen Oranjefluß, kommt man zu der weiten, offenen Wildnis der Namibwüste im Westen oder zur Grassteppe der Kalahari im Zentrum, wo große Herden von Springböcken, Gnus und Zebras umherstreifen. Der Sambesi und die Viktoriafälle kennzeichnen den Beginn eines stärker bewaldeten, tropischen Afrika; hat man das Great Rift Valley in Kenia mit seinen Vulkanen und Kokospalmen am Rand erreicht, ist man schon halbwegs in Europa. Hier, in den ostafrikanischen Ebenen Serengeti und Masai Mara, findet immer wieder das Schauspiel des Überlebenskampfes zwischen den wandernden Gnus und ihren Beutegreifern statt. Westwärts erstreckt sich von hier das ungeheure Rückhaltebecken des Kongo (Zaïre) – ein üppiger, grüner, nahezu undurchdringlicher Regenwald. Nördlich davon liegt die Sahelzone, ein langer Savannengürtel mit vielen Kulturen und Nationen, der rasch in die 1600 km breite Sahara übergeht. Schließlich ist man in Nordafrika angelangt, mit seinen Bergen, Dattelpalmen und Stränden, ein warmes, mediterran mildes Land, das den europäischen Reisenden schon seit der Zeit des antiken Roms bekannt ist.

„Die Gnade der Schöpfung ist wie ein kühler Tag zwischen den Regenzeiten."
Aus einem Preislied der Aschanti in Ghana

Vor zwei Millionen Jahren wurde Afrika zur Wiege der Menschheit. Unsere Vorfahren kamen aus den großen Wäldern Zentralafrikas und standen zum ersten Mal vor den offenen, sonnendurchfluteten Ebenen des Ostens. Sie beobachteten die bedrohlichen Vulkane am Rande des Grabenbruchs, Elefanten von einer nie gesehenen Größe, Büffel, Löwen, Hornvögel und silbrige Seen mit rosa Flamingos.

Die ersten richtigen Afrikaner waren die Steinzeitnomaden, die vor mehreren Jahrtausenden in verschiedenen Teilen Afrikas als Jäger-Sammler lebten. Und sie waren, wenn man so will, die ersten „Naturschützer". In den großen Gebirgszügen der Zentralsahara, auf dem Brandberg Namibias und an den vielen aloë-bewachsenen und mit Geröll übersäten Überhängen in Simbabwe hat man zahllose Zeugnisse der Steinzeitkunst gefunden. Sie alle spiegeln eine symbiotische Beziehung zwischen Mensch und Natur, zwischen den Menschen und den Tieren wider, die hier in großer Fülle lebten. Vor mehreren tausend Jahren gab es in Teilen der Sahara, die heute Wüste sind, üppiges Grasland mit Giraffen und Oryxantilopen, Leoparden und Elefanten und Flüssen voller Krokodile und Flußpferde. Heute sind dieselben Ebenen öde und von der Sonne ausgedörrt, Orte, die nur noch der eine oder andere Mystiker zum Meditieren aufsucht oder ein Tuareg-Händler zur Rast mit seiner Karawane benutzt. In den kahlen Tassilibergen in der Zentralsahara, wo es am Tage sengend heiß wird, bitterkalt bei Nacht, finden sich über 4000 Felsmalereien und -ritzungen. In den Höhlen und unter den Überhängen beweisen uns die

Afrika
Bewahrte Wildnis

Links: *Eine Stufenpyramide in Mestapa, unweit Sakara, in Ägypten.*
Unten links: *Hoch aufragende Dattelpalmen im Wüstensand Ägyptens.*
Unten: *Merzouga in Marokko: Das Wellenmeer aus Sand reicht bis zum strahlend blauen Horizont.*
Vorige Doppelseite:
Im Etoscha-Nationalpark in Namibia: Ein Gepard Acinonyx jubatus *späht aus seiner Deckung hervor.*

Künstler, daß die Sahara wirklich vor 6000 Jahren ein Land war, wo „Milch und Honig fließen", mit wasserreichen Flüssen und üppigen Weiden. Auch aus Ausgrabungsfunden wissen wir, daß hier noch früher als anderswo am Nil Gemeinschaften siedelten, die Gefäße zum Kochen und Wasserholen herstellten und in den vielen Flüssen auch mit Harpunen Fischfang betrieben, besonders an dem Ort namens Tassili-n-Ajjer, was „Hochebene der Flüsse" bedeutet.

Entgegen früherer Auffassung kamen die ersten Ägypter tatsächlich aus jenen grünen Savannen der Sahara – vom inneren Schwarzafrika. Die Menschen dort wanderten aus, als die Wüste sich deutlich ausbreitete, und suchten nach einer weniger feindseligen Umgebung. Einige dieser schwarzen Nomaden wendeten sich nordwärts in den gut mit Wasser versorgten Mittelmeerraum; viele gingen nach Süden in die üppigen Savannen und Wälder; andere zogen westwärts an den fruchtbaren Nil. Dort entstanden um 3200 v. Chr. schließlich dicht an den Ufern zwei Königreiche, die von einem Gottkönig, dem Pharao, zusammen regiert wurden. Damit hatte die bekannte altägyptische Zivilisation ihren Anfang genommen.

Am anderen Ende des Kontinents, in Südafrika, entstanden ähnlich schöne Felsbilder und -ritzungen. Sie zeugen von der umfassenden Spiritualität der San oder „Buschmänner" und von der tiefen körperlichen, symbolischen und mystischen Bedeutung, die die Tiere der Wildnis für sie haben.

In den Überlieferungen der afrikanischen Völker wird immer wieder die Herkunft von einem anderen Ort beschrieben. Seit der Zeit vor dreitausend Jahren muß es eine langsame, aber stetige Wanderbewegung aus den westafrikanischen Regenwäldern – dem Gebiet des heutigen Ostnigeria und Kamerun – gegeben haben. Vor allem Bauern und Handwerker der Eisenverarbeitung zogen im wesentlichen in zwei Richtungen: Ein Teil richtete sich ostwärts und erreichte Ostafrika etwa 100 n. Chr. und Südafrika ungefähr 200 Jahre später; ein zweiter Wanderstrom ging nach Süden über die Gebiete des heutigen Angola und Sambia hinweg. Dabei handelte es sich nicht um einen Massenexodus von Menschen,

 *Einführung*

sondern um einen langsamen Prozeß, der sich über rund 1 500 Jahre hinzog, und als die Europäer um 1800 das Innere des für sie so „dunklen" Kontinents erforschten, fanden sie überall bereits Siedlungsgemeinschaften vor. Afrika hatte damals immerhin eine Gesamtbevölkerung von 100 Millionen.

Die Kulturen von Ägypten, Kusch, Nubien und Axum in Nordafrika, Groß-Simbabwe im Süden, die großen mittelalterlichen Gold- und Bronzekulturen von Songhai, das alte Ghana, Ife und Benin in Westafrika – sie alle waren „eingeboren", aber es gab auch nicht-afrikanische Einflüsse im Lauf der Jahrhunderte. Die Phönizier schufen Karthago (das heutige Tunis), während das antike Rom Ägypten unterwarf und Nordafrika zur Kornkammer des Großreichs machte. Mit der Zeit vernichteten die Römer sogar den nordafrikanischen Wildbestand, weil sie ständig Nachschub an Tieren für die blutrünstigen Gladiatorenkämpfe brauchten.

Mächtigen Einfluß bei der Bildung neuer Kulturen und Königreiche in Afrika nahmen auch die beiden Weltreligionen, das Christentum und der Islam. Bald nach dem Tod des Propheten Mohammed im Jahre 632 n. Chr. eroberten die arabischen Anhänger erst Ägypten und dann innerhalb von 80 Jahren große Teile Nordafrikas und wichtige Enklaven an der ostafrikanischen Küste. Etwa um dieselbe Zeit brachten die Goldhändler, die mit ihren Karawanen die Sahara durchquerten, den Islam in die großen afrikanischen Königreiche des Sahel.

Es gibt viele Parallelen zwischen dem mittelalterlichen Europa und Afrika. Etwa zur selben Zeit, da Wilhelm der

14

Afrika
Bewahrte Wildnis

Oben: *Auf der grünen, aber ertragsarmen zentralen Hochebene Äthiopiens: Dorfbewohner bei der Arbeit auf dem Hirsefeld.*
Links oben: *Blick auf die Bergkette Tassili-n-Ajjer in der Sahara.*
Links unten: *Eine Mendesantilope* Addax nasomaculatus: *Sie zählt zu den eher ausdauernden Antilopenarten und ist hervorragend an die Sande der Sahara angepaßt.*

Eroberer in England einfiel, hatte König Wolof vom Senegal sich eine Armee von 10 000 Reitern aufgebaut. In Süd-Uganda wurden die Untertanen so unterdrückt, daß sie es nicht wagten, ihren Königen in die Augen zu sehen. Im Süden, in Groß-Simbabwe, entstanden große Städte mit bis zu 40 000 Einwohnern an den Orten der prächtigen Steinbauten, die von reichen Rinderhirten errichtet worden waren. Um 1450 begann eine neue Welle von Eroberern: Die Portugiesen segelten an der afrikanischen Küste entlang, mit der Absicht, den Gewürzhandel zu übernehmen. Ihnen folgten 200 Jahre später die Holländer, dann die Engländer und im vorigen Jahrhundert auch die Deutschen, Belgier, Franzosen und Italiener.

Für Afrika, seine Völker und seine Tierwelt, hatten diese letzten 500 Jahre verheerende Folgen. Nirgendwo konnten sie den Europäern mit ihren Pferden und Feuerwaffen standhalten. Eine afrikanische Nation nach der anderen brach unter dem Ansturm zusammen. Über zehn Millionen Afrikaner wurden insgesamt im Zuge des Sklavenhandels außer Landes gebracht; mit ihnen wurden die Schätze der Pharaonen, Gold, Diamanten, Elfenbein und die verschiedensten Tiere fortgeschafft. „Hört dem Gesang Afrikas zu", bittet uns der senegalesische Dichter Leopold Sedar Senghor, „hört den dunklen Puls Afrikas im Nebel verlorener Dörfer schlagen".

„Der Morgen hat begonnen, Gott Asobe, nimm allen Schmerz von uns ..."
Gebet des Pygmäenvolkes der Mbuti in Zaïre

Vor dem Hintergrund des Kolonialismus konnten die afrikanischen Nationen kein reiches Erbe antreten, als sie in den Jahren nach dem Zweiten Weltkrieg die Unabhängigkeit erlangten. Im Gegenteil: Durch die Abhängigkeit von Öl- und Lebensmittel-Importen kam es rasch zu einer großen Belastung. Afrikas Unfähigkeit zur Selbstversorgung ist aber eine Folge der Kolonialherrschaft: Der starke Bedarf der Europäer an Kolonialprodukten – Erdnüssen, Baumwolle, Kaffee, Kakao, Tee, Zucker – hatte die Nahrungsmittelproduktion für den heimischen Gebrauch gedrosselt, und die Landflucht hatte die Situation noch verschärft. Die Städte wurden zum Magneten für Geld, Energie, Kultur und Menschen.

Das moderne Afrika steckt in einer grundlegenden ökonomischen Krise. Es fehlt an dem milden Klima und der fruchtbaren Erde Europas. Es gibt viel Sonne und immer noch einige üppige Regenwälder, aber der Humusboden ist dünn und kann leicht ausgedörrt oder fortgespült werden. Für ihre Erträge können die afrikanischen Bauern keine genügend hohen Preise vom Westen verlangen. Sie müssen sich damit abfinden, daß 50 Prozent ihres Kontinents für eine Landwirtschaft mit natürlicher Bewässerung zu trocken sind, und außerdem müssen sie alle drei Wochen etwa eine weitere Million Menschen mit ernähren. Hinzu kommt eine riesige Schuldenlast. Für jeden Dollar Hilfe von außen wird die Hälfte gleich wieder für den Schuldendienst ausgegeben. Statistisch gesehen geht das Pro-Kopf-Einkommen alle 20 Jahre um 25 Prozent real zurück.

Experten von außerhalb können kaum Hilfe bringen. Finanzielle Zuwendungen, selbst von IMF oder Weltbank, können mehr schaden als nützen, wenn dabei den afrikanischen Problemen nicht-afrikanische Lösungen aufgezwungen werden.

Und doch: Trotz politischer Kämpfe, trotz der Kriege, Krankheiten und fehlenden Gleichberechtigung und obwohl die Wüstenbildung fortschreitet und der Vorgang der Verstädterung falsch verläuft – Afrika ist heute ein Kontinent voller Hoffnungen und Möglichkeiten. Zwar herrscht die Landwirtschaft vor, doch

Einführung

exportiert Afrika heute Petroleum, Gold, Kaffee, Tee, Diamanten, Blumen, Eisenerz, Zucker, Uran, Baumwolle, Fleisch und landwirtschaftliche Erzeugnisse, Tabak, Kupfer, Fisch und – aus den südafrikanischen Industriegebieten – auch Fabrikprodukte. Der Tourismus weitet sich aus und hat an der Wirtschaft vieler Länder bereits einen erheblichen Anteil, was allmählich den Menschen in den Dörfern, in der Savanne, in Busch und Wald zugute kommt.

„Denn Zeus war gestern an die Grenzen des Ozeans aufgebrochen, um mit Äthiopiens makellosen Männern ein Festmahl zu feiern, und alle Götter folgten ihm."
Homer: Ilias

Die Griechen der Antike, die Begründer der europäischen Zivilisation, hielten die Äthiopier (womit sie alle schwarzen Afrikaner meinten) für die „ersten Menschen von allen" – und aus ihrer Sicht waren sie die größten und schönsten Menschen. Außerdem glaubten die Griechen, daß die Quelle spiritueller Weisheit und die Namen der Götter selbst aus Afrika kämen; in dem epischen Gedicht der griechischen Kultur, Homers „Ilias", wird beschrieben, daß die griechischen Götter jedes Jahr zu einem olympischen Festmahl der Götter ins Land der Schwarzen zogen.

Rund 800 verschiedene Volksgemeinschaften leben auf dem Erdteil, wobei südlich der Sahara viele nahe miteinander verwandt sind. Neben einer großen Vielfalt an afrikanischen Sprachen – darunter das am meisten verbreitete, vom Arabischen beeinflußte Suaheli – werden in größerem Umfang Englisch, Arabisch, Französisch und Portugiesisch gesprochen. Die Bevölkerungszahl hat in Afrika fast eine Milliarde erreicht; 75 Prozent davon leben südlich der Sahara, wo es auch kleinere Anteile mit europäischer, indischer und arabischer Abstammung gibt. Mindestens 20 Städte haben mehr als eine Million Einwohner; alleine in Kairo leben nahezu 11 Millionen Menschen. Nigeria ist mit 130 Millionen das Land mit der größten Bevölkerung, was der Einwohnerzahl von Frankreich, Großbritannien und den Niederlanden zusammen entspricht.

Die Geburtenrate beträgt durchschnittlich drei Prozent – um ein Drittel höher als jeweils in den anderen Erdteilen und fast doppelt so hoch wie im Weltdurchschnitt. Andererseits ist die Lebenserwartung so gering wie nirgendwo sonst, und 70 Prozent der Gesamtbevölkerung leben unterhalb der Armutsgrenze. Die Hälfte der arbeitsfähigen Bewohner ist unterbeschäftigt oder ohne Arbeit. Nur einer von vier Afrikanern hat Zugang zu sauberem Wasser. In manchen Ländern ist ein Drittel der Erwachsenen von AIDS betroffen. Viele tausend Kinder wurden durch diese tödliche Infektion oder durch eine andere Krankheit – u.a. Tuberkulose, Hepatitis, Malaria, Ruhr, Cholera oder Folgen von Mangelernährung – zu Waisen gemacht. Auch Kriege führen immer wieder zur Verminderung der Einwohnerzahlen. In manchen Gegenden, wie in Somalia und Äthiopien, wird durch lang anhaltende Trockenzeiten die Bevölkerung reduziert oder zur Flucht veranlaßt. Mehr als 200 Millionen Menschen gehen in Afrika Abend für Abend hungrig zu Bett.

Trotzdem zählen die Afrikaner zu den freundlichsten und optimistischsten Menschen dieser Erde. Offenbar gibt es keine Not, über die

Afrika
Bewahrte Wildnis

Oben: *Während der alljährlichen Wanderung von der Serengeti-Ebene in Tansania zum Masai-Mara-Reservat in Kenia: Gnus Connochaetes taurinus bei der Durchquerung des Mara-Flusses.*
Links: *Eine Himba-Frau in der Kaokoveld-Wüste Namibias.*

sie nicht lachen können, keinen Rückschlag, den sie nicht überwinden können, keine Situation, die sie nicht mit Trommeln, rhythmischem Klatschen oder Musik beantworten.

„Wer nicht reist, wird des Menschen Wert nicht schätzen lernen."
Nordafrikanisches Sprichwort

Nirgendwo auf der Welt kann man noch die Schönheit so vieler Tiere in ihrem natürlichen Lebensraum beobachten wie in Afrika. Gemessen an der Vielfalt und Üppigkeit ist der Reichtum der freilebenden Tierwelt auf keinem anderen Kontinent so groß. Das Kernstück der bewahrten Wildnis bilden die Regenwälder, die sich vom Golf von Guinea im Westen bis zum Rift Valley erstrecken, jenem ungeheuren Grabenbruch mit den vielen Seen und Vulkanen, der Afrika in zwei Teile spaltet. An die Wälder schließen sich nach Norden, Osten und Süden die Savannengebiete an: busch- und grasbewachsene weite Ebenen mit zahllosen Gnus, Zebras und Antilopen sowie ihren Jägern, den Löwen, Leoparden und Hyänen. Nördlich und südlich von den Savannen liegen die großen Wüsten Sahara und Namib, wo nur speziell angepaßte Lebewesen existieren können.

Die Sahara war jedoch nicht immer eine Wüste. Vor 12 000 Jahren, als das Eis sich zurückzog und ein eher feuchtes Klima hinterließ, befand sich hier eine grüne Savanne mit Akazien, hohen Gräsern, Büffeln, Giraffen sowie Flußpferden und Fischen in den vielen Seen. Heute wird die Sahara im Norden durch hohe Dünen beherrscht, während weiter südlich flache, ausgedehnte Sandwüsten, die „Ergs", durchsetzt von steinigen Ebenen, den „Regs", das Bild bestimmen.

Bei Temperaturen von bis zu 58 °C fällt in der Sahara jährlich weniger als 254 mm Niederschlag. Das heutige Wüstengebiet erstreckt sich von Ägypten bis an die Küste des Atlantik über eine Entfernung von 5 150 km und in Nord-Süd-Richtung von Tunesien bis Nigeria über 2 250 km. Die ägyptische Qattara-Senke liegt 132 m unter dem Meeresspiegel, während die großen zentralen Gebirgszüge der Sahara: Tibesti, Ahaggar und Tassili, an der höchsten Stelle 3 415 m ü. d. M. erreichen.

Am östlichen Horn Afrikas steigt die Hochebene Somalias bis zum schroff-felsigen Hochland von Äthiopien an, einer rauhen Wildnis aus Sand und Wadis, umgeben vom warmen, kristallklaren Wasser des Indischen Ozeans. Äthiopien – Land des Honigweins, der alten Klöster und des Silberschmucks – bietet hohe Berge, Seen und üppig bewaldete Täler, in Fortsetzung des Great Rift Valley. Der Nil entspringt in diesem Land, und hier wurden auch die neuesten Entdeckungen zum Ursprung des Menschen gemacht.

Die Bewohner des benachbarten Sudan fassen ihre großflächige Heimat eher als eigenen Kontinent auf, so weitgestreckt und vielfältig ist dieses Land am Oberen Nil mit seinen gelassen segelnden Felukebooten, den roten Bergen von Kassala und den knorrigen Dornbäumen sowie den langbeinigen Damagazellen, die in der sudanesischen Savanne heimisch sind.

Der Sahel (sein Name geht auf das arabische Wort für den Südrand der Sahara zurück) erstreckt sich nördlich des äquatorialen Regenwaldes quer über Westafrika. Es handelt sich um einen schwierigen

Einführung

Savannen-Lebensraum: mit grünem Gras, das immer wieder von Sand bedroht wird, und wo nur 100 bis 600 mm Regen jährlich fällt, der rasch verdunstet. Selbst der Tschadsee ist auf eine Breite von nur 50 km zusammengeschrumpft, weil die Sahara sich auf breiter Front ausdehnt. Dabei liegt der See in einer potentiellen Überschwemmungsfläche von über 1 000 km Breite, umgeben von einem Gürtel aus Nationalparks, die zur Zentralafrikanischen Republik und zu Kamerun gehören. Das letztgenannte Land präsentiert eine außergewöhnliche tropische Schönheit mit vielen Bergen und Seen.

In Mali sind die großen Tafelberge von staubigen Ebenen umgeben, wo nur die grünen Rinnen etwas Farbe geben, die sich bei plötzlich auftretenden Stürmen mit reißendem Wasser füllen. In der Nähe der mittelalterlichen Stadt Timbuktu zieht der Niger – mit 4 184 km drittlängster Fluß Afrikas – in einer langen Schleife durch die Wildnis des Sahel. Er entspringt im Westen in Guinea, beschreibt in vielen Windungen eine lange Nordkurve, durchströmt Mali, Niger und Nigeria und mündet dann beim Golf von Guinea in einem riesigen, vielarmigen Delta, dessen Fächer 36 000 qkm umfaßt. Bei Timbuktu ist das Flußtal 500 km breit.

Dieser ganze westafrikanische Teil besteht aus einem großen, grünen tropischen Dschungel, der sich an der Küste entlang von Kamerun bis zu den Palmen und Grasflächen Sierra Leones erstreckt, allerdings an seinem nördlichen Rand ständig von der Wüste bedrängt wird. Es ist aber auch die bevölkerungsreichste Gegend Afrikas und zugleich eine, in der die Existenz der Wildtiere besonders stark bedroht ist. Ironischerweise hat sich gerade dieses Gebiet, das lange als dunkel und ungezähmt galt, zu einem Brennpunkt der Zivilisation und des Handels entwickelt.

Oben: *Ein großes „Silberrücken"-Männchen des Berggorillas* Gorilla gorilla berengei, *im dichten Blattwerk verborgen – friedliche Begegnung im Virunga-Nationalpark in Zaïre.*
Rechts: *Zum spärlichen Pflanzenwuchs in der Namibwüste in Namibia gehören unübersehbar die Kameldornbäume* Acacia erioloba.

Nördlich davon beherrscht die Sahara ganz Nordafrika mit ihrer unerbittlichen und potentiell tödlichen Umarmung. Die Felsen, die Dünenflächen und die endlosen Geröllebenen können sehr romantisch sein, wie in Beau Geste, aber auch einen unerbittlichen Charakter bekommen, wenn die Harmattanwinde aus Richtung der Ödflächen blasen.

Bei Dschebel Tadrart z.B. sind die Dünen niedrig, klein und endlos. Die Ebenen können manchmal 600 km lang sein: Nur ab und zu wird die Monotonie von einem zersprengten Felsblock unterbrochen oder von einem seltsam pilzförmigen „Outcrop"-Fels, wie südlich von Agades in Niger; oder man stößt gelegentlich auf einen Bergzug, einen „Dschebel", der vom Wind und der schrecklichen Hitze schwarz verbrannt aussieht, aber beim glutroten Sonnenuntergang eine sanfte Silhouette bekommt.

Eine ganze Reihe von Tieren hat sich an die Wüstenbedingungen angepaßt. Die weiß-braune, kräftig gebaute Mendesantilope, mit ihren dunklen Augenflecken, vermag sogar im Sanddünen-Meer des „Erg" zu leben – auf das Trinken kann sie ganz verzichten, die nötige Flüssigkeit entnimmt sie allein der kargen Nahrung. Leider ist sie durch die Ölfunde auch in ihren letzten Rückzugsgebieten tief in der Wüste stark in ihrer Existenz bedroht. Die langohrigen Wüstenigel, die hier normalerweise einzellebenden Wüstenschrecken, die kleinen Ameisenlöwen mit ihren großen Kiefern, die tatsächlich mäuseähnli-

Afrika
Bewahrte Wildnis

chen Wüstenspringmäuse, die Skinke (Echsen mit reduzierten oder fehlenden Beinen) und die Seitenwinder-Schlangen sind weitere Beispiele für die erstaunlichen Lebewesen, die sich an ein Leben ohne Wasser in der Sahara angepaßt haben.

Für eine andere Gruppe von Lebewesen – die Zugvögel – sind die Erreichbarkeit der nächsten Oase, Energiemängel und die Orientierung an den Sternen keine grundsätzlichen Probleme. Rund 180 Vogelarten aus Europa und Asien überqueren zweimal im Jahr die Sahara, um im warmen Süden zu überwintern – Steinschmätzer z. B., die Äthiopien zum Ziel haben, oder gelbbäuchige Schafstelzen, die das insektenreiche Akaziengestrüpp u. a. am Tschadsee aufsuchen. Schätzungsweise fünf Milliarden Vögel ziehen jedes Jahr nach Afrika; einige von ihnen folgen dem Nil, die meisten aber nehmen die 1 600 km lange Route über die Sahara. Um dazu imstande zu sein, legen sich die Vögel unter der Haut als „Treibstoffreserve" einen Fettvorrat an – das bedeutet bei bestimmten genauer untersuchten Arten eine Verdoppelung des Gewichtes innerhalb von drei Wochen. Die Sperbergrasmücken mit ihren gelben Augen beispielsweise ziehen zum Roten Meer und zum Turkanasee in Kenia. Störche, Adler und Bienenfresser hingegen nutzen die warmen Luftströme um die alten Vulkankegel der schroffen Berge in Fortsetzung des Rhumsiki-Plateaus in Kamerun. Und Rotbandregenpfeifer, Flußuferläufer/Wasserläufer und Seeschwalben unternehmen die lange Reise südwärts bis zum warmen Wasser der Walfischbucht im fernen Namibia.

Der äußerste Norden Afrikas stand häufig unter Fremdherrschaft: Römer, Araber und später Franzosen, Deutsche und Briten regierten hier. Abgeschirmt von der großen Wüste und dem beeindruckenden Atlasgebirge, umfaßt dieses alte Gebiet – das „Berberland" – einen grünen, gut bewässerten Streifen mit warmen Stränden, Dattelpalmen, Weingärten und Feldern voll von rotem Wildmohn. Hier im alten Karthago, wo der Heilige Augustinus studierte, gibt es alte Kolosseen, römische Äquadukte (einer 50 km lang) und gelassen wirkende rosa Flamingos, die im flachen Wasser waten und daraus ihre Nahrung filtern.

„... Herr, laß mich das nächste Jahr erreichen."
Aus einem Gesang der Dogon, Mali

Ganz am anderen Ende des Erdteils, wo der Südatlantik mit dem Indischen Ozean zusammentrifft, findet sich eine Reihe unberührter, von den Gezeiten gestalteter Strände; im ruhigen Rhythmus rollen die Wogen heran und verlieren sich wieder im Dunst des Meeres. Im Hinterland zeigen sich bewaldete Dünen und Lagunen und in der Ferne die Berge, im Morgendunst blau und wolkenverziert. Hier bietet die bewahrte Wildnis stille Flußlagunen, große, grüne Klippen, an denen sich die Fluten brechen, endlose, leere Strände, Gezeitentümpel, Wale im Meer und eine Fülle von Seevögeln. Diese Wildnis kann aber auch kalt, hart und tödlich sein – so an der nebligen Skelettküste in Namibia, wo der Atlantik ungebremst

Einführung

angreift, oder in den großen, bewaldeten Küstendünen der Natalküste, wo die rollenden Wogen und die spielenden Delphine draußen im Meer die einzigen Bewegungen sind.

„Veld" oder genauer: „Dornbaum-Buschveld", ist die heimische Bezeichnung für die Savanne, die den größten Teil des Hinterlandes von Südafrika bedeckt. Im „Karru (Karoo)" ist das Veld eine flache, steinige Wildnis mit windzerzausten, staubigen Sträuchern, prächtigen Wildblumen, aufragenden, an der Spitze flachen Bergen und einer vollkommenen Stille bei Nacht. Die heißen, wüstenartigen offenen Stellen nehmen einem zunächst den Atem, doch wenn man ihre Stimmungen und Geheimnisse kennengelernt hat, zählt man sie zu den schönsten Rückzugsgebieten Afrikas. Vor kaum mehr als hundert Jahren wanderten über das Karru die größten Tierherden, die der Mensch je gekannt hat: 10 Millionen Springböcke zogen in 25 km

breiten, 150 km langen Bändern darüber hinweg. Die Bezeichnung „Veld" umfaßt aber auch die Sandgebiete der Kalahari, wo Wüstenfüchse an riesigen Termitenhügeln nach Beute lauschen, sowie das dicht bewaldete, heiße „lowveld" im Krüger-Nationalpark, unweit von den schneebedeckten Drakensbergen – das bestbewahrte Wildnisschutzgebiet Afrikas mit einer unglaublich reichen Tierwelt.

Die Küstenlinie Ostafrikas ist tropisch geprägt. Die Strände sind mit luftigen Palmen und Korallenriffen gesäumt. Das Innere Afrikas aber ist größtenteils trocken; der Himmel bekommt dadurch seine typische gleißende Leuchtkraft. Bewegt man sich im Südteil des Kontinents allmählich von Ost nach West, folgen den Akazien- und Mopanewäldern Grasflächen, Dornbäume, Savannengebiete, die Sande der Kalahari und schließlich die Namibwüste – der Ort der unzähligen Hügel und Täler und der ockerfarbenen Sande, die das Licht zu rosa, grünen und pastellbraunen Farbtönen verwandeln kann. Auf den windgeformten Sandwellen am messerscharfen Grat sitzt vielleicht gerade einer der Wüstengeckos und „kreischt", bevor er in den Sand hinabtaucht. In der Morgendämmerung laufen Flammenbänder über die Berggipfel und berühren und entzünden auch die schroffen Vulkanberge von Naukluft, was wie eine Lobpreisung wirkt. Eine karmesinrote Düne, die auf der einen Seite von der Sonne beleuchtet wird, auf der anderen im Schatten liegt, wirkt uneinnehmbar. Der Atem bleibt fast stehen, als plötzlich ein prächtiger, hell-dunkel gemusterter Spießbock auf dem Kamm steht und stolz seine kräftigen Hörner präsentiert.

Nördlich der Namib – der ältesten Wüste der Erde – liegen die drei ausgedehnten, von der Sonne verwöhnten Länder Botswana, Sambia und Simbabwe. Überall trifft man von Bäumen gesäumte Flüsse an, es sind Hunderte: Kawango, Kuando, Linyanti, Chobe, Luangwa, Shire und vor allem der mächtige Sambesi sowie *Mosi oa Tunya*, der „Rauch, der donnert": die Viktoriafälle, ein meilenbreites sintflutartiges Band aus donnerndem Wasser und waberndem Sprühregen, davor ein Regenbogen wie aus filigranem Silber und am Rand anmutig wirkende Nebelwälder. Von all den Flüssen in diesen Feuchtgebieten fließt nur der Kawango nicht in den Sambesi. Bevor das Wasser dieses Flusses sich im tiefen Sand der alten Kalahariwüste verliert, bildet sich das Okawangodelta mit seinen Ilalapalmen, Seerosen und zahllosen kristallklaren Wasserläufen. Über Delta und Wüste bricht die Nacht herein. Eine afrikanische Nacht, von Horizont zu Horizont gewölbt, mit Hügeln in blauschwarzem Schattenriß und dunkelvioletten Bäumen, wie fein ausgeschnitten, sowie blutorangen, blauen und metallisch schimmernden Farbtönen. Eine kalte Nacht, mit unendlich ausgedehntem Himmel, der von fernen Lichtern wie von Millionen Eiskristallen erhellt wird.

Oben: *Satte Farben und scharfe Umrißlinien – ein typisches Bild aus der Dünenlandschaft im Sossusvlei, Namibia.*
Rechts oben: *Blick über den „Teufelskatarakt" auf den Hauptteil der Viktoriafälle in Simbabwe.*
Rechts unten: *Im Okawangodelta in Botswana: Ein Schreiseeadler* Haliaeetus vocifer *bewacht seine Fischbeute.*

Afrika
Bewahrte Wildnis

Das Great Rift Valley (das „Große Grabenbruch-Tal") erstreckt sich im Osten Afrikas von Äthiopien über Kenia und Tansania bis hin nach Mosambik. Vor Millionen von Jahren drohte Afrika in zwei Teile zu spalten. An der Naht entstanden Wölbungen, dann ein Riß und schließlich ein großer Graben mit Vulkanen, tiefen Seen, schneebedeckten Bergen und riesigen Grassavannen, wo auch heute noch eine Fülle afrikanischer Wildtiere lebt: Gnus, Zebras, Thomsongazellen, Löwen, Hyänen, Wildhunde usw. Im Hintergrund schlummert der Kilimandscharo unter seiner Schneekappe, während vorne etliche Fieberbäume im strahlenden Morgenlicht funkeln und am Himmel ein Paar Gaukler auftauchen – Greifvögel mit blaugrauen, rostroten, schwarzen und weißen Farbtönen – und akrobatische Flüge vollführt. Das schräge Sonnenlicht berührt jetzt den Kraterrand, der von einem Halsring aus Wolken umgeben ist. Eine Giraffe – goldgelb mit schwarzen Flecken – reckt sich nach einer hohen Akazie. Ein Elefant bewegt sich würdevoll über die weitgestreckte Ebene. Die Luft füllt sich mit süßem, schwerem Blumenduft.

Große Ketten an der Spitze schneebedeckter Berge vulkanischen Ursprungs – Mitumba, Virungas, Ruwenzoris – trennen den Viktoriasee und das ostafrikanische Hochland vom wasserreichen Kongofluß und vom Regenwald Zaïres, der sich bis an den Atlantik und um die westafrikanische Ausbuchtung herum erstreckt. In den Ruwenzoribergen – auch als Mondgebirge bezeichnet – lebt ein bekannter Bestand an Berggorillas, die dort gerne von den Bambusschößlingen fressen. Mit ihren kräftigen Brustkästen, den beweglichen Gesichtern samt deutlichen Überaugenwülsten und den silbernen Rücken (bei den ranghöchsten Männchen) sehen sie furchterregender aus, als sie sind. Bei einer geführten Begegnung bleiben sie friedlich, richten vielleicht deutlich den Blick auf den Menschen (eine leichte Drohung), beobachten sehr genau und ziehen ruhig beiseite. In diesen Bergen entspringt auch der Nil.

Die Hänge sind überzogen mit Farnen, Blumen und höheren Bäumen, oft mit Lobelien durchsetzt und vom Summen der Bienen erfüllt. Die Gipfel scheinen wie Märchenschlösser am Himmel zu schweben; sie sind mit Eis überzogen, Nebelfahnen liegen über den Seen, von den Bäumen hängen Flechtenbärte, und ab und zu erscheint ein Regenbogen. Die dichten Regenwälder beherbergen auch noch die scheuen, bernsteinfarbenen Bongo-Antilopen, die gestreiften Okapis, Schimpansen, Elefanten, Leoparden, Baumorchideen, Goliathfrösche, früchtefressende Fledermäuse, die gefleckten Ginsterkatzen mit ihren langen, schwarz-weißen Schwänzen und eine Vielzahl von Vögeln: farbenprächtige Kongopfauen, blaue Elfensänger und Turakos mit grüner Haube beispielsweise.

Das Laubdach im Dschungel kann 20 m dick sein; nur 5 % des Sonnenlichts dringt bis zum Boden vor, wo Moose, Flechten und

Einführung

zahllose Kleintiere leben können. Große Flüsse mit vielen Nebenläufen winden sich durch den dichten Baumbestand und passieren Wasserfälle und hohe Dschungelwände. Einbäume sind dort die einzigen Fortbewegungsmittel, und Menschen, die hier durch etwas Ackerbau ihr Dasein zu fristen versuchen, stehen im ständigen Kampf mit dem Dschungel.

> *„Das Ewige zieht die Männer und Frauen vom fruchtbaren Land ab und verlangt von ihnen, daß sie in ihren Herzen eine Wüste schaffen."*
> Frère Robert im Anblick des Mount Kenya

Der Kampf auf Leben und Tod war immer schon ein wesentliches Daseinselement in Afrika. Dabei ist nicht nur an den Löwen zu denken, der im Mara einen Büffel überwältigt, oder an den Schreiseeadler, der in einer Untiefe des Karibasees einen Tigerfisch erbeutet. Die Savanne, die Küsten, die Wüsten, die „Velds", die Wälder und die Flüsse – kurz: die Wildnis selbst – stehen ständig im Überlebenskampf mit dem Menschen. Bäume werden gefällt, Nashörner werden abgeschlachtet, die Städte drohen wegen der vielen Neuankömmlinge aus den ländlichen Gebieten zu platzen. Und die Wildnis – die für den Menschen im seelischen und geistigen Sinne überlebenswichtig ist – wird unerbittlich vernichtet. Jahr für Jahr werden 3,6 Millionen Hektar Wald zerstört; 6 500 Hektar Savanne werden täglich urbar gemacht; die Sahara vergrößert sich mit beängstigender Geschwindigkeit. Der Bedarf an Feuerholz – auf dem Lande von wesentlicher Bedeutung – wird sich in Afrika in den nächsten zwanzig Jahren verdoppeln. Der Mensch ist von allen Arten die anpassungsfähigste, er kann am besten den Ort wechseln, und er hat die größten praktischen Fähigkeiten – aber er wird ohne Frage die letzte Nahrungsquelle, jedes Tier, jeden Baum auslöschen, wenn er damit überleben kann. Seinen eigenen Interessen gibt der Mensch Vorrang – und wenn er eines Tages aus Hunger untergeht, wird ironischerweise das letzte Wildtier längst ausgestorben sein.

Unten: *Eine große Herde des Afrikanischen Elefanten* Loxodonta africana *in Botswana – eines der wenigen afrikanischen Länder, wo man Elefanten noch in solchen Zahlen beobachten kann.*
Rechts: *Afrikanische Wildhunde* Lycaon pictus *bei der Nahrungsaufnahme an einem Riß im trockenen Grasland der Kalahari in Südbotswana: Sie zählen zu den am meisten gefährdeten Raubtieren des Erdteils.*
Nächste Doppelseite: *Zwei männliche Löwen* Panthera leo *trinken durstig von einem Wasserloch – Szene in der Kalahari in Südafrika.*

Afrika
Bewahrte Wildnis

„Es gibt eine Abhängigkeit zwischen dem Menschen und seiner Umwelt", schreibt die zwölfjährige Schülerin Victim Mangena. „Falls man sich um die eigene kümmert und andere das nicht tun, entsteht der Funken des Krieges." Es wird keinen Erfolg geben, wenn wir uns nicht umeinander kümmern. Elefant, Wildhund, Wal, Savanne und Fluß können nicht vom Einzelnen in Isolation gerettet werden. In einer Welt der Kriege und Begierden, des Reichtums und der Armut müssen wir Wege finden, es zu lernen, daß wir uns umeinander kümmern – denn nur, wenn der Mensch Fürsorge von seiner eigenen Art empfängt, lernt er es, die letzten Wildnisse zu bewahren.

Eine mögliche Antwort auf die Gefährdung der Natur ist ein Verfahren, das die Naturschützer „Lagerfeuer" nennen. Der Tourismus beschäftigt heute weltweit mehr als zehn Prozent der arbeitenden Bevölkerung, der Industriezweig hat die höchsten Wachstumsraten. Für Afrikas Wildtiere ist der Tourismus überlebenswichtig; von ebenso wesentlicher Bedeutung aber sind die Kleinbauern, die dicht an den Wildschutzgebieten oder in ihnen leben, denn sie haben ein Interesse am Überleben der natürlichen Verhältnisse. In Suaheli bedeutet das Wort „Safari" „zu Fuß gehen" oder „auf eine Reise gehen". Wenn aber der kleine Landbesitzer oder der Hirte, dessen natürliche Umwelt die Wildnis ist und dessen nächste Nachbarn die Lebewesen der Wildnis sind, dazu gebracht werden soll, daß er die Bäume vor dem Gebrauch als Feuerholz schützt, die Tierfallen abräumt, Einfluß auf die Elite der Stadtbewohner nimmt und die zerstörerische Entwicklung in Grenzen hält, dann muß er ein Interesse an der Safari haben.

Es müßte also eine natürliche Art der Versöhnung geben zwischen unserer Liebe zur Wildnis und der Hoffnung des Bauern auf wirtschaftlichen Vorteil – ein Weg könnte das gemeinsame „Lagerfeuer" der Überlebensstrategie sein; konkret: die ländlichen Gemeinschaften Afrikas arbeiten selber als Manager der Wildtiere in ihrer Nähe, bekommen den Gewinn aus dem ortsbezogenen Tourismus und erhalten die Wildtiere für uns alle. Und in einem so gestalteten Afrika wäre die Wildnis als Harmonie aus Stille und Sonnenlicht bewahrt, wäre Einsamkeit anders erfahrbar als in einer Millionenstadt und hätte Mitleid ein neues Gesicht bekommen. Die Naturschützer würden dann zu entscheiden haben, ob die Jagd als Bestandteil eines Ökotourismus akzeptabel ist oder nicht, die Reiseveranstalter müßten stärker auf die empfindliche Umwelt achten, in die sie ihre Besucher bringen, und die afrikanischen Politiker würden sich stärker an ihre Wurzeln und die ursprüngliche Savannenlandschaft erinnern.

Die Menschen aber, die in eher fruchtbaren und wohlhabenden Ländern wohnen – sich zugleich nach dem Erlebnis der unbewohnten Weite sehnen – könnten viel zur Hilfe beitragen – sei es nur durch Weiterverbreitung der Kenntnis, daß es einen Kontinent gibt, der zwar vom Menschen verletzt wurde, aber selber die richtigen Heilkräfte bereithält. Und die Möglichkeit bietet, zu etwas lange Vergessenem zurückgeführt zu werden: zu einem einfacheren, sanfteren Rhythmus der Existenz und „zu einer Stille" – wie der Mutemwa-Dichter John Bradburne es ausdrückte – „bei der unsere Seelen zu ihrer wahren Beredsamkeit finden". Und wenn wir dann die Trommeln wieder hören, so sind sie nicht nur ein Preislied an Afrika, seine Schönheit und Gelassenheit – sondern auch für unsere eigene Beteiligung an Afrikas bewahrter Wildnis und ihrer künftigen Bewahrung.

Rift Valley

Afrika

Als die Erde noch jung war – Millionen von Jahren, bevor der Mensch auftauchte – drohte der afrikanische Kontinent durch gewaltige vulkanische Vorgänge auseinanderzubrechen. Das Ergebnis war ein 7 000 Kilometer langes zerklüftetes Tal (der Boden des Grabenbruchs) vom Toten Meer in Israel bis zum Malawisee weit im Süden Afrikas. Im Zuge jenes großen „Schöpfungsvorgangs" entstanden Vulkane, Flüsse, heiße Quellen, Seen und weite Ebenen, die heute der Hälfte der großen Wildtiere Afrikas Raum geben. Am Rande des Grabenbruchs bildete sich der Kilimandscharo. Mit seiner Kappe aus ewigem Schnee und Eis steht er an der Grenze zwischen Kenia und Tansania im Hintergrund der tierreichen Grasflächen. Schon immer vermochte das Rift Valley das Afrikabild in besonderem Maße zu prägen, aber auch heute gibt es noch zu neuen Entdeckungen Anlaß, und der Zauber seiner wilden, atemberaubenden Schönheit ist ungebrochen.

Rift Valley

Muster zum Überleben

„Oh, gewähre mir einen Gürtel, oh Gott", heißt es in einem Preislied der Samburu, „vielfarbig mit Söhnen und Töchtern ..." Auf den Lava-Ebenen vor dem Mount Kenya im Rift Valley verzieren die jungen Samburu-Hirten (Bild rechte Seite, oben) sich mit einem natürlichen Instinkt für Tarnung, wie er Gepard und Giraffe entspricht, denen sie tagtäglich in einer Harmonie aus Licht und Raum, aus Leben und Tod begegnen. Das Wort „samburu" bedeutet „Schmetterling" – ein treffendes Kompliment für diese stolzen, mit Ockerfarben bemalten Tierhüter der Ebene.

Auch die Netzgiraffe *Giraffa camelopardalis reticulata* (Bild oben) trägt ein Muster, das ihr das heimliche Leben im Busch erleichtert. Ihr Name bezieht sich auf die unverkennbare Art der Fleckung und geht auf arabisch *xirapha* zurück, was „einer, der rasch geht" bedeutet. Die Araber betrieben schon vor 1 500 Jahren Handel mit Elfenbein und Gold in Ostafrika und über die Sahara hinweg. Vorher hatten die Römer bereits Wildtiere wie Geparde für ihre Gladiatorenkämpfe aus Afrika ausgeführt.

Der Gepard *Acinonyx jubatus* (Bild rechte Seite, unten) pirscht sich auf offener Fläche dicht an seine Beute heran, bleibt dabei ab und zu völlig bewegungslos – und gut getarnt – stehen, bis sich das mißtrauische mögliche Opfer wieder in Sicherheit wiegt. Erst wenn das Beutetier in Panik flüchtet, beginnt die Katze ihre Hetzjagd. Dabei kann sie hundert Stundenkilometer erreichen, die einzelnen Sprünge können jeweils sieben Meter weit reichen.

Vorige Doppelseite: *Sonnenuntergang in der endlos weiten Ebene der Serengeti in Tansania.*

Afrika
Bewahrte Wildnis

31

 Rift Valley

Stille Küsten, stille Welt

Licht und Raum, die Besonderheiten Afrikas, werden nirgends so deutlich wie an seinen tropischen Küsten. Dreihundert Kilometer östlich vom Grabenbruch ist die ostafrikanische Küste (rechtes Bild) eine Landschaft der Lagunen, der Korallenriffe mit ihren wechselhaften Brisen, der Bougainvilleen und der schlanken, von Salz und Sonne ausgelaugten Kokospalmen, die im Passatwind schwanken. Die Küste wirkt schläfrig, mit ihrem puderfeinen Sand und den Fischerdaus, den duftenden Inseln und der verblaßten Erinnerung an die Zeit der Entdecker. Dieses „Land der *zanj* (der Schwarzen)", wie es jahrhundertelang genannt wurde, war der Geburtsort der Suahelikultur und -sprache, die heute in ganz Ostafrika vorherrschen.

Am Rand der Korallenriffe herrscht eine prachtvolle Welt der Stille, die mit ihren Farben, seltsamen Formen und traumhaften Bewegungen wie ein Panorama der Evolution wirkt. Vom Roten Meer bis nach Zululand in Südafrika ist die afrikanische Küste von Korallenriffen gesäumt. Sie bilden ozeanische Gärten mit einer Fülle von Lebewesen: Engelfische, stachelige Seeigel, hübsch gefleckte Kaurimuscheln, Hornkorallen, Muränen, Papageifische und bedrohliche Barrakudas sind nur einige Beispiele.

Die Östlichen Süßlippen *Plectorhynchus orientalis* (Bild unten) werden wegen der Töne, die sie durch Aneinanderreiben der Schlundzähne erzeugen, auch „Grunzer" genannt. Wenn sie die Geschlechtsreife erlangen, ändert sich deutlich ihre Färbung; statt der waagerechten Streifen bekommen sie dann dunkle Flecken. Zum Schutz vor Feinden treten sie in Schwärmen auf, die zu erstaunlich raschen Wendungen fähig sind.

Afrika
Bewahrte Wildnis

Leben und Tod in der Serengeti

In der Serengeti – jener fruchtbaren Grasebene, die sich in der Regenzeit mit blauen Hibiskusblüten schmückt – findet zweimal im Jahr eines der größten Schauspiele der Wildnis statt: Zebras, Thomsongazellen und vor allem die Gnus ziehen auf der Suche nach Weideland durch den schmalen Streifen zwischen Rift Valley und Viktoriasee in Nordwest-Tansania und später wieder zurück. Die Wanderbewegung, die nur dem Zweck der Nahrungssuche dient, ist wegen der großen Ansammlung von Tieren auf engem Raum für jeden Beobachter ein unglaubliches, faszinierendes Erlebnis. Die Züge der Gnus sind manchmal vierzig Kilometer lang, und ihr Wanderinstinkt ist so mächtig, daß sie sich vom Ufer in einen reißenden Fluß stürzen, um ihn zu überqueren, statt einen weniger gefährlichen Umweg zu wählen. Viele ertrinken dabei und werden zur Nahrung für Krokodile, Löwen und andere Fleischfresser, die bereits darauf warten.

Auch Leoparden *Panthera pardus* zählen zu den Beutegreifern, die die Tierherden nutzen; trotzdem ist ein solcher Anblick wie auf dem Foto – Leopard mit einer erbeuteten Impala – selten. Sie sind heimliche Jäger, die oft bei Nacht jagen und manchmal von einem Baum aus auf das Opfer springen. Der Riß (der so schwer sein kann wie der Leopard selbst) wird grundsätzlich fortgezogen und in einem Baum versteckt.

Rift Valley

Hoher Himmel über Masai Mara

In Ostafrika mit seinen endlosen, trockenen Ebenen wird das Licht vom Staub gefiltert und verteilt, und an Tagen, an denen sich massige Gewitterwolken sammeln, wölbt sich der ganze Himmel metallisch grau, wandelt sich aber beim Sonnenuntergang zu einem flammenden Gold von atemberaubender Pracht. Allerdings ist hier am Äquator die Sonne rasch verschwunden, und dem einsamen Zebra bleibt wenig Zeit, wieder Anschluß an die Herde zu gewinnen, bevor die Beutegreifer die Nacht durchstreifen.

Für den einzelnen Massai-Hirten, der den ganzen Tag mit seinen dahintrottenden Zeburindern in der ausgetrockneten Ebene nach Weidegrund gesucht hat, bedeutet der Abend willkommenen Anlaß zum Ausruhen. Die Massai ziehen als Nomaden durch die Serengeti und das sich anschließende Schutzgebiet in Südwestkenia: Masai Mara Game Reserve. Aus ihrer Sicht sind die Rinder, die ihnen von Gott gegeben wurden, wesentlich für Ansehen und Bedeutung einer Person. Die Massai halten an der altüberlieferten Lebensweise fest – mit Stolz und Zähigkeit, die aus ihrem tiefen Verstehen des Landes erwachsen. Durch ihre hochgewachsene Figur, den Schmuck und die rotbunten Umschlagtücher sind sie überall eine auffällige Erscheinung.

Afrika
Bewahrte Wildnis

Rift Valley

Afrika
Bewahrte Wildnis

Unruheherd Turkanasee

Selbst vom Mond aus ist das Great Rift Valley als lange, zerklüftete Narbe an der rechten Seite Afrikas deutlich sichtbar. Als hier vor Millionen von Jahren die Erde aufriß, weil der ganze Kontinent heftig in Bewegung kam, entstanden einige große Seen, darunter auch der Turkanasee.

Sein jadegrün schimmerndes Wasser ist 54 °C heiß und spiegelt damit die trockene Wüste, die Lava-Ebenen und die Vulkane an Kenias Nordgrenze zu Äthiopien und zum Sudan wider. Der schmale, 250 km lange See erstreckt sich in einer Wildnis aus Gestrüpp und brennendem Sand; immer wieder treten hier heftige Stürme auf, die in den Feuern der Hölle geboren zu sein scheinen, sie kommen vom Ödland herangefegt, wühlen das Wasser auf und schütteln die Dumpalmen am Ufer. Geheimnisvoller Rauch steigt aus den Kratern der Zentralinsel auf, wo durch die Seen und Bäume mit Wildfrüchten riesige Scharen Zugvögel aus Europa angelockt werden. Auf der Südinsel hingegen fangen Teile der Krater bei Nacht regelmäßig zu glühen an, gespeist von der Glutasche, die sich tief unter der Ascheschicht befindet, von der die Insel bedeckt wird. Im Turkanasee befindet sich die weltweit größte Ansammlung an Krokodilen, die noch immer von den Angehörigen des El-Molo-Stammes unerschrocken bejagt werden. Zu demselben Stamm gehört auch der Junge auf dem Foto unten, der am Ufer bei Loyangalani seine einfache Angel ausgeworfen hat. In diesem harten und unwirtlichen Land haben vor über einer Million Jahren die ersten Menschen gelebt – Fossilfunde des kenianischen Wissenschaftlers Richard Leakey haben das bestätigt, der damit die Arbeiten seiner Eltern weiter südlich im Rift Valley in der Olduvaischlucht fortsetzen konnte.

Rift Valley

Nomaden im Erdriß

Im goldenen Dunst der Morgendämmerung erkennt man langbeinige Zwergflamingos *Phoenicopterus minor* bei der Nahrungssuche in den heißen Quellen des Bogoriasees, der zur Kette der in der Sonne gleißenden Seen des Rift Valley gehört. Durch den hohen Natrongehalt, der auf die Vulkanasche zurückgeht, entstehen in dem See reichlich Algen, von denen sich über vier Millionen Flamingos ernähren, 70 Prozent des Weltbestandes.

Mit ihren bis zwei Meter langen Beinen, dem rosa Gefieder, den beilförmigen Schnäbeln und den gebogenen Hälsen bieten die Flamingos einen seltsamen Anblick. Zu Hunderten oder Tausenden sieht man sie am Rande im See stehen, wie sie mit abwärts gekehrtem Schnabel Nahrung filtern, oder in dichten Wolken vorbeifliegen. Der Natronsee, der etwas weiter südlich in Tansania liegt, bildet den größten Brutplatz der Welt, doch sind die schönen Vögel ruhelose Wanderer. Auf der Suche nach den mikroskopisch kleinen Algen, die in Salzpfannen besonders gut gedeihen, ziehen sie zu den riesigen Makgadikgadi-Salzpfannen nahe beim Okawangodelta in Botswana, zur Etoschapfanne oder zur Walfischbucht in Namibia, zum St.-Lucia-See oder sogar nach Kapstadt in Südafrika. Es gibt sie auch in Indien, Europa oder Südamerika.

Die angehenden Männer der Massai-Nomaden pflegten früher einen Löwen zu töten, um zu zeigen, daß sie den Kopfschmuck *olawaru* verdienen – ein heute nur noch selten praktizierter Brauch. Während der *eunoto*-Zeremonie, die den Übergang vom Rang des Kriegers zum heiratsfähigen Junior-Ältesten kennzeichnet, werden Gesicht und Körper rituell mit Kreide bemalt, um die Altersgenossen und die bewundernden Frauen auf seine Heldentat aufmerksam zu machen.

Afrika
Bewahrte Wildnis

Rift Valley

Die Wanderung

Zweimal im Jahr wandern rund eine Million Weißbartgnus *Connochaetes taurinus* über die Serengeti-Ebene am Westrand des Rift Valley hinweg, getrieben von ihrer Vorliebe für frisches, feuchtes Gras, das sie offensichtlich über ungeheure Entfernungen riechen (rechtes Bild). Sie folgen damit dem Jahresrhythmus der Regenfälle, von denen die Grasebenen bewässert und erneuert werden. Auf ihrem rund 800 km langen Rundweg werden sie in der Regel von einer halben Million Thomsongazellen und 200 000 Zebras begleitet. Die „blauen" Gnus (wie sie im Englischen heißen) haben in Wirklichkeit eine trüb silbergraue Farbe. Während sie in Massen über die Ebene ziehen, wirken sie wie Clowns, die ständig überaktiv drängen, einander knuffen, mit den Hörnern stoßen und grunzende Laute ausstoßen. Der Name „Gnu" geht auf das Wort „ge-nu" in der Khoikhoi-Sprache zurück, das den brüllenden Alarmlaut bezeichnet. Die Wanderungen fallen mit der Zeit der Paarungen bzw. der Geburten zusammen. Auf dem Hinweg bestätigen die dominanten Bullen ständig durch geräuschvolle Kämpfe ihre Vormachtstellung und paaren sich mit praktisch allen Weibchen. Auf dem Rückweg findet das Wunder massenhafter

Afrika
Bewahrte Wildnis

Geburten statt. Bereits fünf Minuten nach der Geburt können die Kälber fast genauso schnell laufen wie ihre Mütter. Das ist für sie überlebenswichtig: Die Beutegreifer – Löwen, Geparde, Hyänen und die weit verbreiteten Leoparden – sind ständig in der Nähe. Die Löwen „schlemmen" geradezu unter den Gnus und Zebras; sie springen von hinten auf den Rücken des Opfers, reißen manchmal am Hinterteil oder heften sich daran, um es zu Fall zu bringen, und ersticken es, indem sie sich an die Kehle klammern oder ins Gesicht beißen.

Das Grevy-Zebra Kenias *Equus grevyi* (Bild links unten) – „punda milia" in Suaheli – ist größer und stärker gestreift als das sonst in Afrika verbreitete Burchellzebra. Die beiden Arten treten auch in gemischten Herden auf, kreuzen sich aber in der Wildnis nicht. Jedes einzelne Tier ist anders gestreift, also individuell erkennbar. Das gilt auch für ein anderes gestreiftes Tier auf den afrikanischen Ebenen, dem Geierperlhuhn *Acryllium vulturinum* (Bild links oben) mit seiner leuchtend blauen Brust und den schwarz-weißen Streifen auf Brust und vorderem Rücken. Die Vögel sind ausgesprochen gesellig und im Gras und während der kurzen, hastigen Flüge sehr wachsam.

Rift Valley

Am Wasserloch

Wasser bedeutet Leben oder Tod für alle Lebewesen Afrikas. So, wie die großen Züge der Gnus vom Bedarf an frischem Gras (also indirekt ebenfalls vom Wasser) gesteuert werden, so sind auch die Wasserlöcher ein Anlaß für größere Tieransammlungen, z. B. Elefanten und Büffel. Der Lebensraum des Afrikanischen Elefanten wurde dermaßen vom Menschen eingeschränkt, vor allem durch Ausweitung der Landwirtschaft, daß nur noch wenige Rückzugsgebiete geblieben sind. In den engen Grenzen der Schutzgebiete zerstören die Elefanten oft selber ihre Umgebung, indem sie die in zu geringer Zahl vorhandenen Bäume entlauben und beschädigen. In Ostafrika ist die Wilderei das Hauptproblem. Die 60 000 Elefanten im Tsavo-Nationalpark wurden durch Wilderer auf einen Bruchteil vermindert. Die Naturschützer dort verlangen deshalb ein weltweites Verkaufsverbot für Elfenbein – die südafrikanischen Naturschützer aber widersprechen dem, denn nach ihrer Meinung ist das Überleben der Elefanten nur gesichert, wenn die heimischen Menschen finanziell profitieren (durch Verkauf von Elfenbein, Fleisch und Haut sowie durch Ökotourismus).

Die Gerenuks *Litocranius walleri* (Bild oben) sind im Gegensatz zu den Elefanten Tiere der Trockensavanne und brauchen kaum zu trinken, denn sie decken ihren Flüssigkeitsbedarf aus der Nahrung. Diese Antilopen, die auch als Giraffengazellen oder *swala tiga* (in Suaheli) bezeichnet werden, kommen in Somalia und Nordkenia vor und verbringen den größten Teil des Tages damit, auf den Hinterbeinen zu stehen und von einem Akazienbusch zu weiden.

Afrika
Bewahrte Wildnis

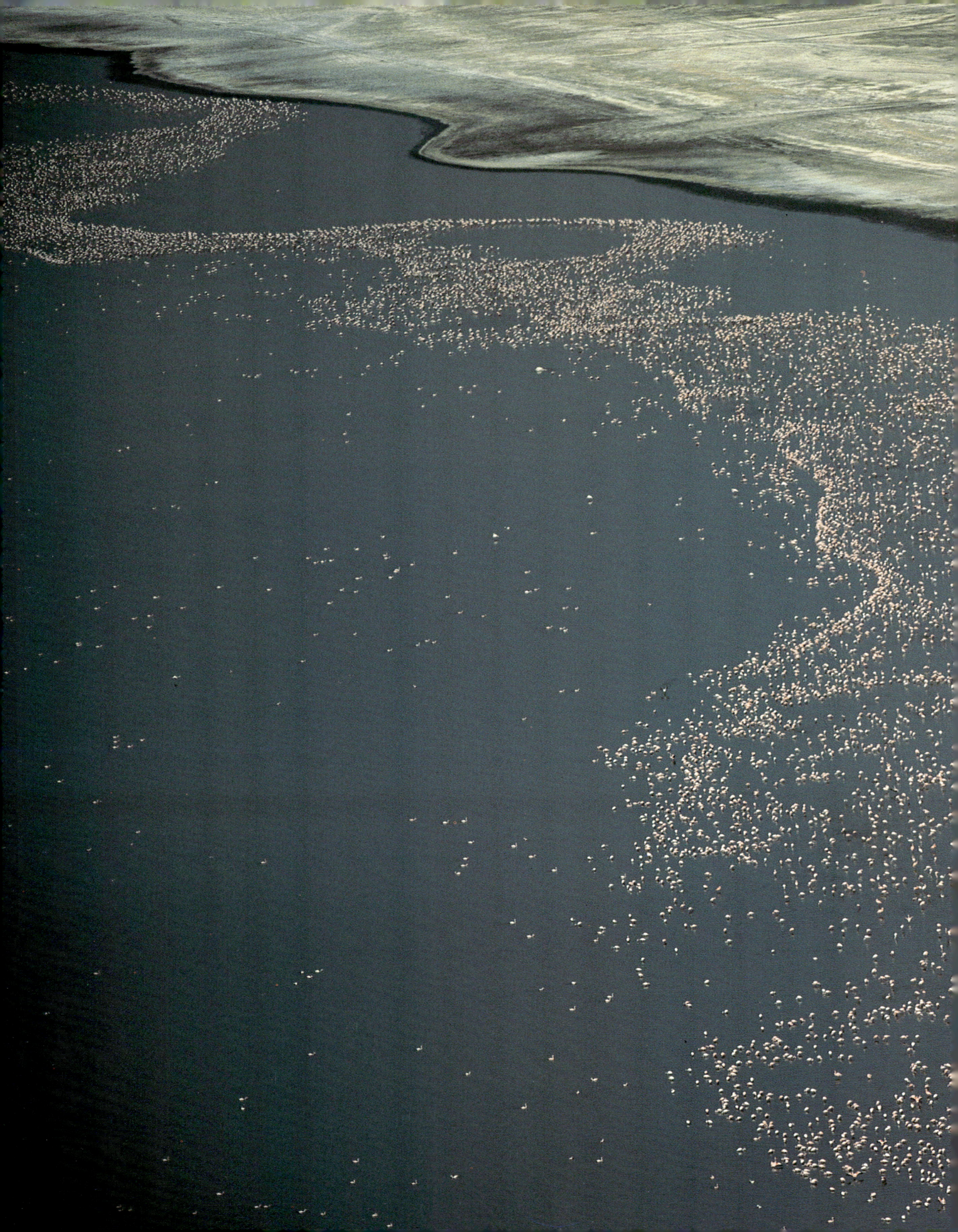

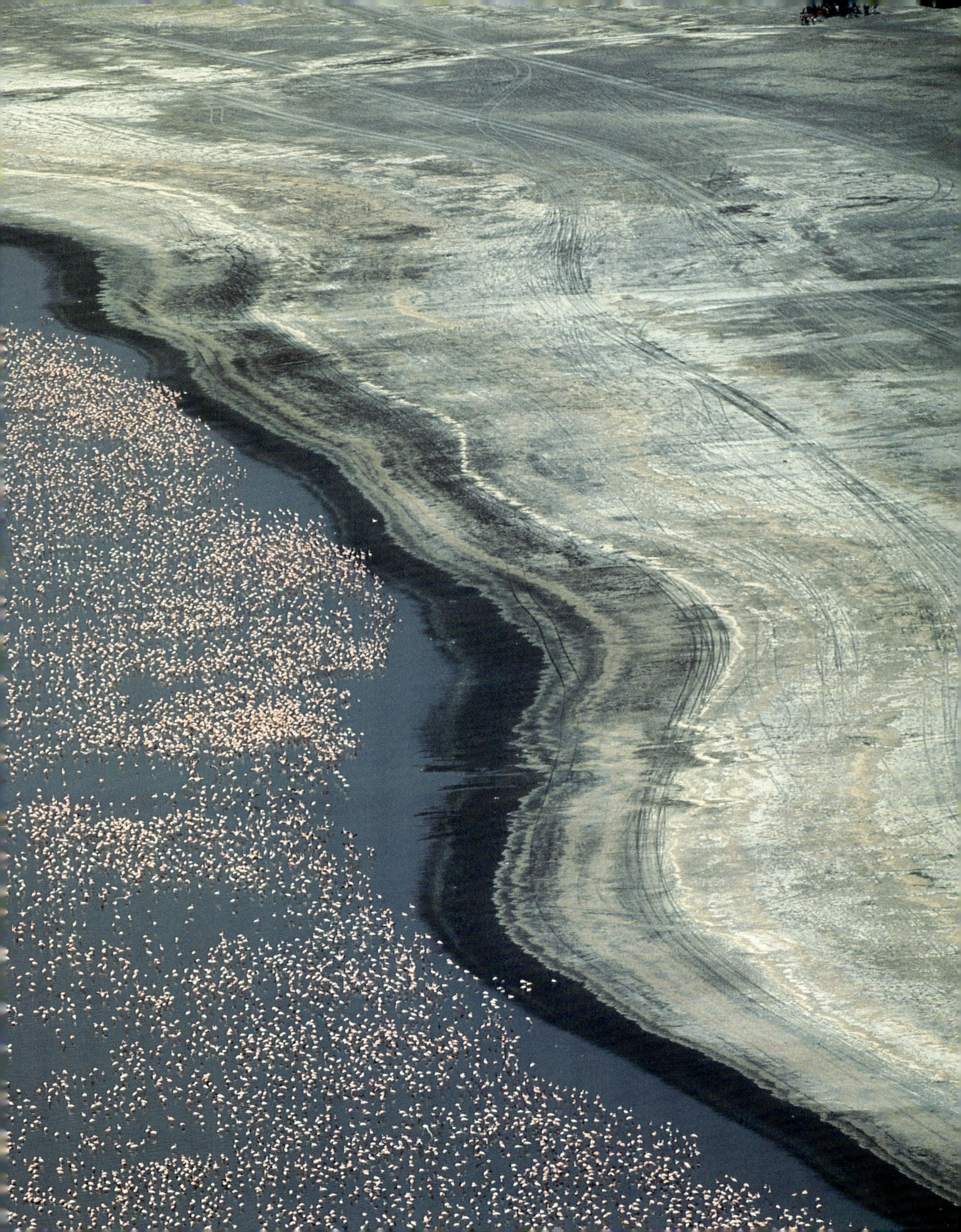

Rift Valley

Afrika
Bewahrte Wildnis

Leben in Afrika

Eine große Wassermasse – Bedrohung oder Erleichterung, je nach Sichtweise – scheint in der Sturmwolke zu stecken, die sich hier auftürmt und die lange Regenzeit in der Berg- und Grassavanne ankündigt. Sobald der Regen beginnt und das Gras zu wachsen anfängt, findet der Zug der großen Herden über die Serengeti hinweg Richtung Norden statt. Am Horizont ist der Schattenriß einer Giraffe erkennbar. Sie weidet von Akazienbäumen und ist deshalb von jahreszeitlichen Änderungen und einem Wandertrieb weniger abhängig.

In Szenen wie diesen zeigt sich die Zeitlosigkeit des dunklen Kontinents jenseits aktueller Hetze. Auf dem Baringosee (Bild unten) paddelt ein Junge vom Stamm der Njemps in seinem Fischerkanu, das aus leichtgewichtigem Holz gebaut wurde, das mit Sisalfaser zusammengebunden wird. Der Baringosee beherbergt erstaunlicherweise 450 verschiedene Vogelarten – Wasservögel und solche vom Akazienbuschland. Der Naivasha- und der Baringosee sind die einzigen Süßwasserseen im Rift Valley Kenias, wenn sie auch immer wieder durch feine vulkanische Teilchen verschmutzen, die von den umliegenden Weiden der Rinder und Ziegen eingeschwemmt werden.

Vorige Doppelseite: *Von weitem wirkt es wie ausgestreutes rosa Konfetti: Flamingoscharen bei der Nahrungssuche in dem kleinen Baringosee westlich vom Mount Kenya.*

Rift Valley

„Das ist das Gesetz des Dschungels", schrieb Rudyard Kipling, „so alt und wahr wie der Himmel." Es ist ein hartes Gesetz, denn in der Wildnis wächst man rasch heran oder stirbt. Der kleine Elefant, der von seiner Familie getrennt ist (Bild oben), versucht vor den jungen Löwen zu fliehen, die dabei sind, das Jagen zu lernen. Normalerweise würde die Aufzuchtgruppe der Elefantenweibchen ausreichenden Schutz bieten und die hartnäckigen Löwen rasch in die Flucht schlagen, doch das Elefantenjunge hatte sich zu weit von der Herde entfernt und mußte schließlich den Preis dafür zahlen. Jungtiere sind immer das vorrangige Ziel und oft leichte Beute für Beutegreifer, die nicht nur das Opfer von der Mutter fernhalten müssen, sondern auch noch dafür sorgen, daß ihren eigenen Jungen nicht dasselbe Schicksal widerfährt. Ein ausgewachsener Löwe wird in seiner Umgebung in jedem Jahr 19 größere Tiere töten, wobei er in der Regel bei Nacht im gut koordinierten, wenn auch oft erfolglosen Rudel jagt. Der Löwe *Panthera leo* (unteres Bild) war früher in Europa und Asien, aber auch in Afrika weit verbreitet. In Griechenland wurde aber schon um 100 n.Chr. der letzte Löwe getötet, in Palästina um 1150. Jagen – töten – fressen – überleben: In Afrika ist das ein unerbittliches Gesetz.

Doch ist das Leben nicht immer nur hart – das scheint jedenfalls der Anubispavian zu zeigen (Bild rechts), der in der Sicherheit der Rotdornakazie, wo sie die Nacht verbracht haben, gähnend das Maul aufreißt und sein Junges pflegt. Der kleine Pavian klammert sich fest an den Bauch seiner Mutter, während der Affentrupp sich bewegt, der sofort in voller Flucht auseinandersprengt, sobald ein Leopard auftaucht, der Hauptfeind der Paviane.

Afrika
Bewahrte Wildnis

Rift Valley

Afrika
Bewahrte Wildnis

Schreckliche Schönheit

Wildnis – damit verbinden wir die Vorstellung einer schrecklichen Schönheit, einer Mischung aus Gelassenheit und Grausamkeit. Wildnis ist ein Ort, wo ständig Augen im Gras lauern, wo ein Duft im Wind Leben bedeuten kann und ein Moment der Unaufmerksamkeit schrecklichen Tod. Auf dieses Messers Schneide leben alle Tiere der Wildnis, die Feinde ebenso wie die Mitbetroffenen. Für die wandernden Herden, die gemeinsam das frische Gras aufsuchen, besteht der Schutz in der hohen Zahl. Die Beutegreifer, die ihnen folgen oder auf sie warten, arbeiten bei der Jagd hingegen oft alleine oder in geringer Zahl, und sie sind letztlich mit ihrer Ernährungslage von der Größe der Herden abhängig.

Bei der Wanderbewegung in der Serengeti sind die Flußüberquerungen der Schwachpunkt. Viele Tiere werden von Krokodilen erbeutet, andere ertrinken, sie treiben flußabwärts und werden vielleicht von zwei Löwinnen als willkommene Nahrung an Land gezogen. In Ost- und Südafrika konnten die Löwen als Art trotz der starken Verfolgung durch Menschen überleben. Anders erging es dem „Buschpanzer", dem schwerfälligen, „sturen" Spitzmaulnashorn *Diceros bicornis* (Bild unten), das man nur selten in Ostafrika zu sehen bekommt. Durch internationale Verbrechergruppen wurde der Nashornbestand systematisch und erbarmungslos vernichtet, denn wegen ihrer Bedeutung für die traditionelle Medizin werden für die Hörner im Fernen Osten astronomische Preise bezahlt. Kein afrikanisches Land konnte bisher seine Nashörner wirkungsvoll schützen – mit einer Ausnahme: Südafrika. Bisher haben die Wildererbanden sich nicht auf dieses Land konzentriert, und es wird sich erst mit der Zeit zeigen, ob hier Politiker, Naturschützer, Bürokraten und Geschäftsleute gemeinsam der Korruption widerstehen können, die als hartnäckige Waffe ebensoviel Bedeutung hat wie die Schußwaffen der Wilderer.

Rift Valley

Dunkle Schönheit

Nicht das ganze Rift Valley ist eine Idylle der weiten, fruchtbaren Ebene mit schneebedeckten Bergen im Hintergrund. In Nordkenia, Äthiopien und Somalia gibt es weite Landstriche mit ausgedörrten Wüsten- und Strauchlandflächen, wo das Leben ein ständiger Kampf um Nahrung und Wasser ist und nur die zähesten Menschen und Tiere überleben. In jenem kargen Norden kann man es sich vorstellen, wie eine Nomadenfamilie in der flimmernden Ferne der Wüste verschwindet und diejenigen, die zurückbleiben, ein Lied wie dieses singen:

> „Obgleich dein Weg durch Orte führt, die in der Hitze sich verlieren, stickig sind und trocken, wo sengend des Windes Flamme die Kehle dir trocknet, das Fleisch verbrennt, mag Gott Mitleid mit dir haben, und du findest ihn, den großen, gewölbten Baum, der Schutz dir bietet und Schatten."

Die Gegend um den Turkanasee wirkt als bleiche Mondlandschaft mit schattendunklem Lavageröll, eine feindselige Wildnis, wo nur Krokodile, Skorpione und Schlangen u.ä. überleben können, wie sie es seit Jahrmillionen vermochten, besser als manch andere Tiere. Westlich vom See liegt die Chalbiwüste. Die dunkle Ebene wird nur von dem Kamelhirtenvolk der Gabbra vom Marsabit bevölkert (Bild unten), die sie auf der Suche nach Weideland und Wasserlöchern durchstreifen. Die Menschen dieses halbnomadischen Volkes, das die kuschitische Sprache seiner äthiopischen Vorfahren spricht, tauchen wie Gazellen in der Wüste auf – zart, dunkel und schön.

Afrika
Bewahrte Wildnis

Rift Valley

Armee auf dem Rückmarsch

Für die unermüdlichen Gnus bedeuten die Wanderungen, wie es scheint, eher einen hoffnungsvollen Ausweg aus einer Zeit der Not und des Leids – ähnlich, wie es auch beim Menschen der Fall war, bevor er sich in den Städten niederließ. Aus der ewigen Bewegung des Lebens, die Tag und Nacht kaum zur Ruhe kommt, ist hier vor dem Hintergrund des kurzen afrikanischen Sonnenuntergangs ein flüchtiger Augenblick eingefangen (rechts): Vor dem großartigen Hintergrund sieht man in langer Reihe stapfende, staubbedeckte Gnus wie eine Armee erschöpfter Krieger bei der Rückkehr aus dem Krieg dahinziehen.

Die große Wanderbewegung wird von zwei wachsamen Gauklern *Terathopius ecaudatus* beobachtet, die in der Astkrümmung einer Dumpalme ihren Posten eingenommen haben. Die Greifvögel mit ihrem roten „Gesicht", der lockeren, schwarzen Halskrause und den unverkennbaren schwarz-weißen Flügeln haben in einigen Teilen Afrikas mythologische Bedeutung: Sie gelten dort als Bote des Geistes aus der Bergsavanne. Im Deutschen (und entsprechend in anderen Sprachen) wurden sie nach ihrer schaukelnden Flugweise benannt, die an einen Akrobaten der Lüfte erinnert.

Afrika
Bewahrte Wildnis

Rift Valley

Afrika
Bewahrte Wildnis

Schnee auf dem Kilimandscharo

Afrikas ewiges Symbol, der Kilimandscharo, der eine Höhe von 5 895 Metern erreicht, vereint auf seinen Eisfeldern etwa ein Fünftel des Eisvorkommens von ganz Afrika. Er ist nicht nur der höchste Berg Afrikas, sondern außerdem der höchste freistehende Gipfel der Welt. Der „große Berg des Frühlings" – einer seiner vielen Namen – war vom Hörensagen schon den alten Griechen, den chinesischen Chronisten, den arabischen Sklavenhändlern und den portugiesischen Seefahrern bekannt, aber erst 1848 hat ein Mensch der westlichen Welt zum ersten Mal Schnee am Äquator gesehen, und 1889 wird zum ersten Mal von einer Besteigung berichtet.

Der Kilimandscharo besteht, genau genommen, aus drei Vulkankegeln: Der Kibo ist der bekannte flache Gipfel, der an einen Hochzeitskuchen erinnert (Bild links), die beiden gegenüberliegenden weniger hohen Gipfel heißen Mawnzi und Schira. Das „ewige" Eis reichte früher bis auf 3 000 m ü. d. M. herunter, beginnt heute aber erst bei 5 000 m. In dieser Höhe sind die einzigen Lebenszeichen die zarten Krustenflechten und gelegentlich eine besonders wetterharte Spinne.

Folgende Doppelseite:
Der Kilimandscharo ragt wie ein feierliches Gewölbe aus der dicken Wolkendecke hervor.

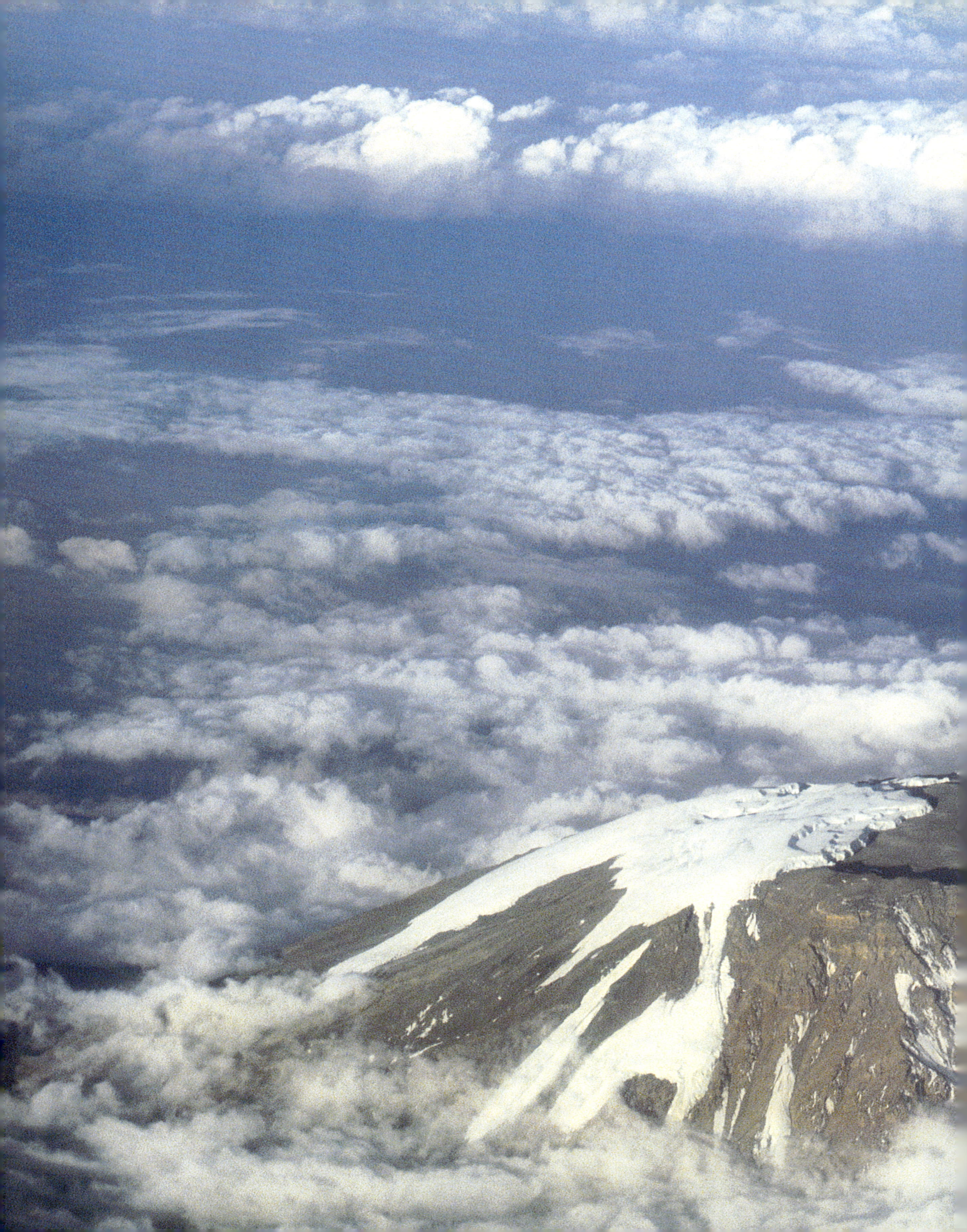

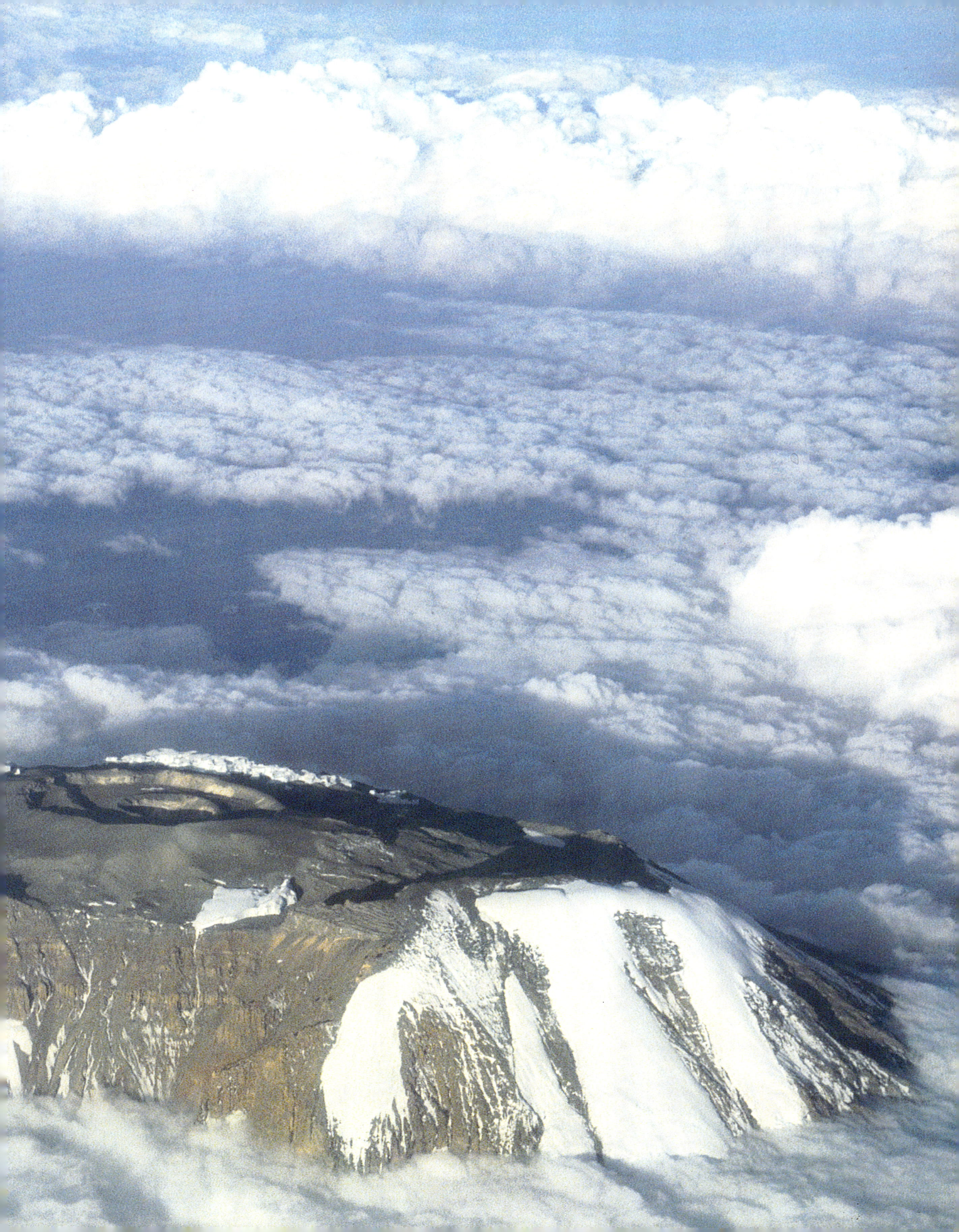

Rift Valley

Afrika
Bewahrte Wildnis

Jäger und Gejagte

In der Ebene nehmen Tiere verschiedener Arten oft gemeinsam Nahrung zu sich – Beutegreifer fressen zusammen vom Riß, Pflanzenfresser wie Grevyzebras (unten) und Gnus weiden unbekümmert nebeneinander. Andere ernähren sich im wörtlichen Sinne von-einander – wie die Gelbschnabelmadenhacker *Buphagus africanus* (rechts), die auf Büffeln schmackhafte Zecken suchen.

Nur der Leopard pirscht – wie es schon Rudyard Kipling darstellt – einsam und unstet. Der Nachtjäger Leopard ist auch eines der wenigen Tiere, das sich dem Erfolg nach mit dem Menschen messen kann. Durch seine Heimlichkeit und das große Geschick überlebt er überall da, wo überhaupt Nahrung zu bekommen ist: Er ernährt sich von Impalas (Bild links), anderen Antilopen oder kleineren Pflanzenfressern der Ebene wie Nagetieren, von Fischen, Aas oder sogar vom Menschen gehaltenen Rindern. Man erzählt von einem Jäger, der drei Tage lang einem viehraubenden Leoparden nachspürte. Was er nicht wußte: daß er selber von einem Partnerleoparden angepirscht wurde, er bemerkte es erst, als er mit seiner Taschenlampe plötzlich Männchen und Weibchen beim Angriff ins Licht bekam, einer von vorne, der andere vom Rücken. Die Leoparden benutzen gerne Hügel oder hohe Bäume, um sich mit ihrem Riß zu verstecken – sie können dort alleine fressen, ohne von Aasfressern behelligt zu werden, und kehren regelmäßig an denselben Riß zurück.

Rift Valley

Afrika
Bewahrte Wildnis

Ngorongoro

Zu den größten Naturwundern der Erde zählt der Ngorongorokrater im tansanischen Teil des Rift Valley. Der Kratergrund bietet den Anblick einer wildreichen weiten Ebene mit anmutigen Akazien, er mißt 18 km im Durchmesser und ist von einem Ring aus bis zu 2 200 m hohen Bergen umgeben. Um den Krater erstreckt sich ein weitaus größeres Schutzgebiet, das sowohl den Tieren als auch den Massaihirten vorbehalten ist – mit Seen, Savannenwald, Sümpfen, kaum erloschenen Vulkanen, Sanddünen sogar. Die ausgedehnten Flächen dienen als natürlicher Durchgangsweg zum Serengeti-Nationalpark, den Gnus, Zebras und andere Tiere für ihre Wanderungen benutzen können.

Der Krater bildete sich vor 2,5 Millionen Jahren, als geschmolzene Lava sich unter dem Gipfel eines Vulkans abkühlte und ablagerte und anschließend das nicht mehr abgestützte Gipfelgewölbe explodierte. Das Ergebnis war eine Caldera, die zu den größten und interessantesten der Welt gehört, eine Oase mit viel Weideland und Wasser für einige der eindrucksvollsten Bewohner Afrikas.

Rift Valley

Afrika
Bewahrte Wildnis

Neben den großen Akazien im Ngorongorokrater, die im Licht der untergehenden Sonne gelb aufleuchten, sieht dieser Elefant *Loxodonta africana* – größtes Landtier der Erde – geradezu zwergenhaft aus. Das Bild wirkt wie der Inbegriff von Afrika.

Die Menschen dieses Erdteils werden oft auf ähnliche Art verklärend beschrieben: fremdartig, farbenprächtig, als edle Krieger, die über die Ebene streifen... Die Wirklichkeit ist anders: Das ursprüngliche Afrika kämpft ums Überleben. Verstädterung, Wüstenbildung, Produktion von Gütern für den Export in den Westen; gewaltige Probleme im wirtschaftlichen und medizinischen Bereich und durch das Bevölkerungswachstum – das sind u. a. die Negativfaktoren. Der Perlenschmuck des Turkanamädchens, der Zierrat des jungen Samburu sollten nicht darüber hinwegtäuschen. An dem Ort, wo die Menschheit einst begann, leiden die Menschen unter unzureichenden Ernten, mangelhaften Unterkünften, Raubbau an den Wäldern und Trinkwassermangel.

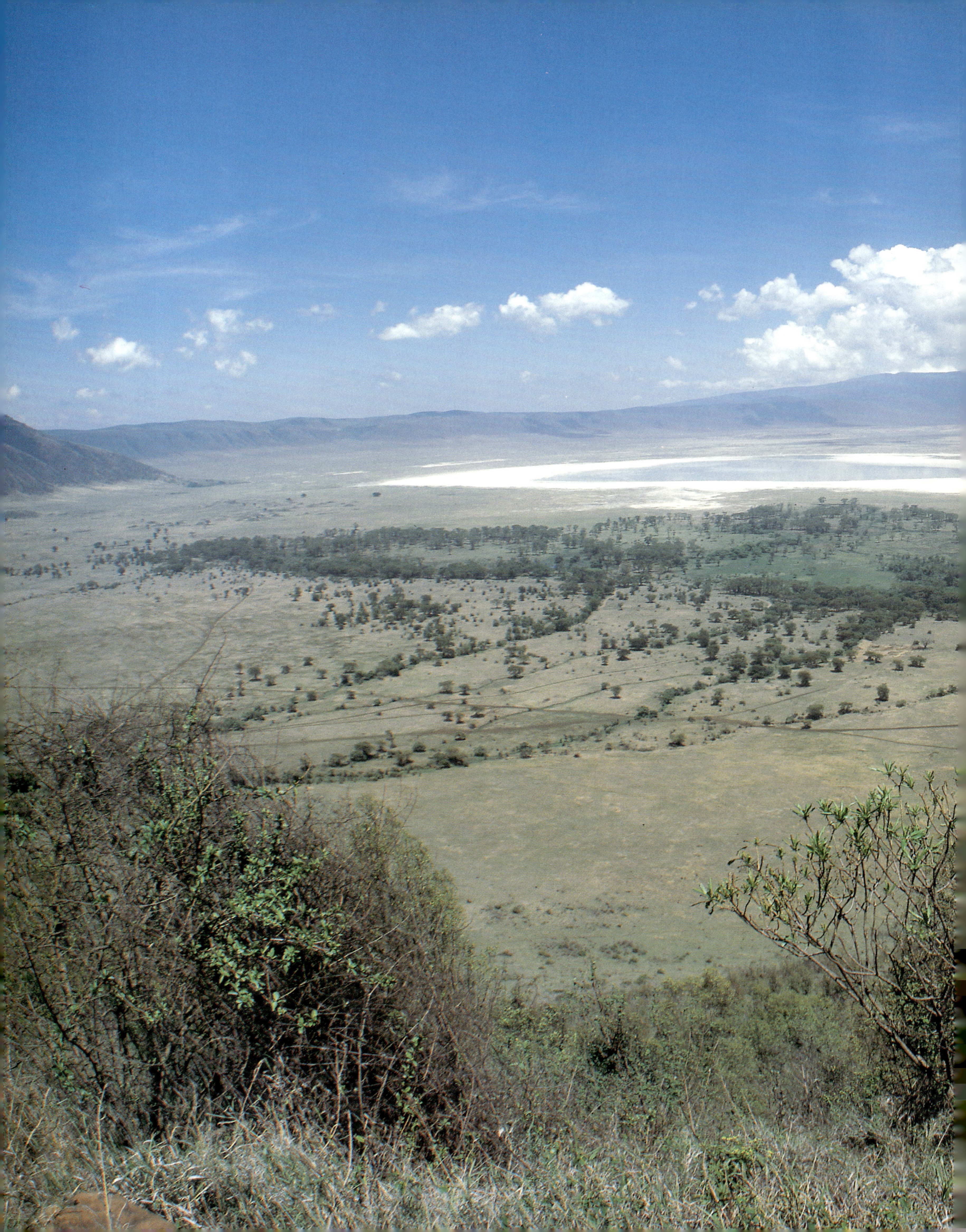

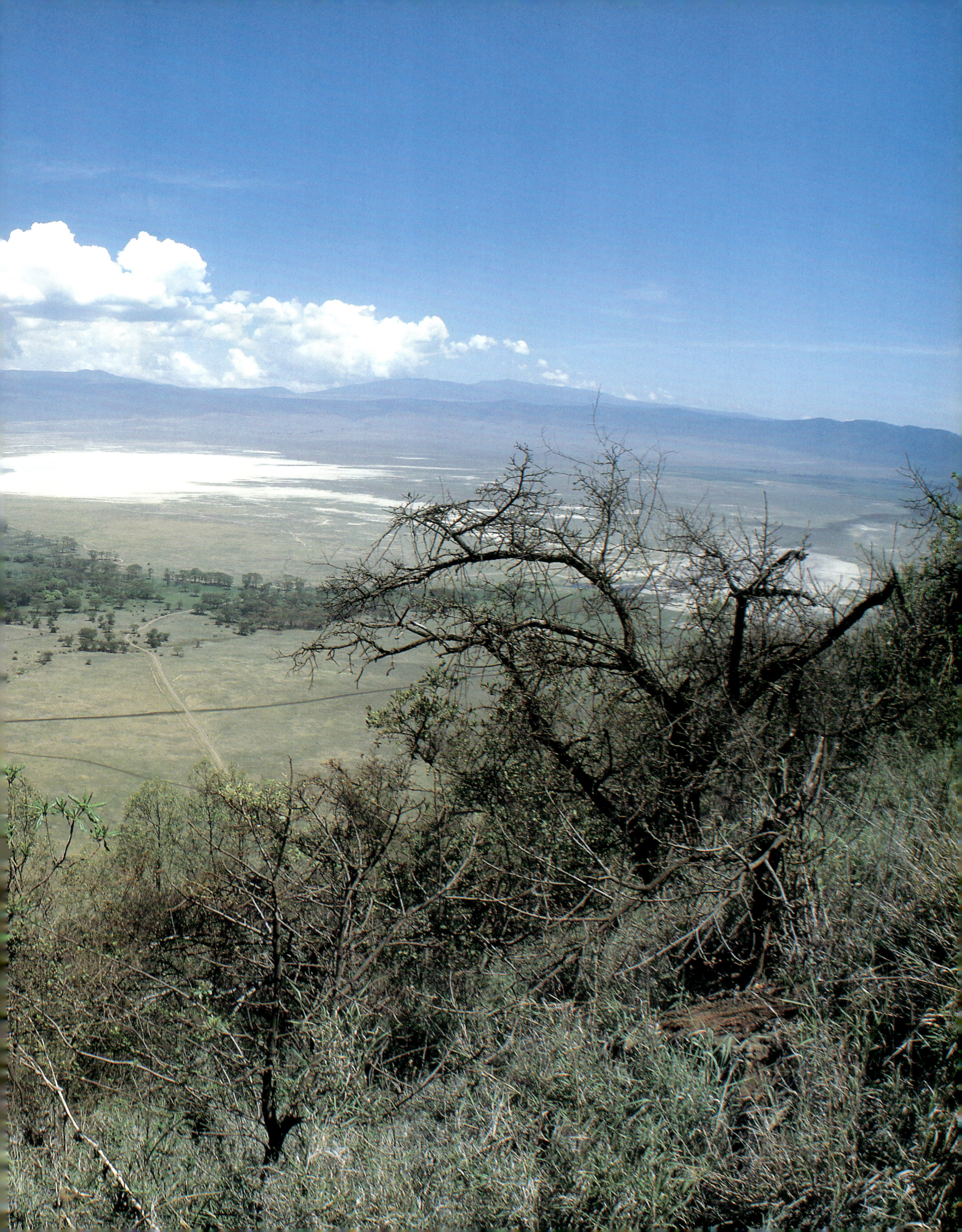

Rift Valley

Afrika
Bewahrte Wildnis

Flamingos scharenweise

Eine große Schar Flamingos im flachen See am Grunde des Ngorongorokraters gibt der manchmal eintönig wirkenden afrikanischen Landschaft einen besonderen Farbtupfer. Die großen Stelzvögel saugen mit ihrem abwärts gekehrten Schnabel Wasser ein, filtern Algennahrung heraus und pressen das natronreiche Wasser mit der Zunge wieder zurück. Die Nahrung enthält Karotinoide (wie sie auch in Gartenkarotten vorkommen), welche die rosa Gefiederfärbung der Flamingos bewirken. Ohne sie wären die Vögel viel blasser und damit weniger attraktiv für das andere Geschlecht.

Der heimlich lebende Leopard zeigt je nach Lebensraum unterschiedliche Farbmuster, wenn auch die Flecken gleich bleiben. In Ostafrika erfolgt die Geburt bei den Leoparden nach einer Tragzeit von rund 100 Tagen. Normalerweise bekommt das Weibchen zwei oder drei Junge; sie sind bei der Geburt blind, gehen aber schon nach vier Monaten mit der Mutter auf die Jagd, wobei sie sich im langen Gras an dem eingerollten weißen Schwanzende der Mutter orientieren. Sobald diese einen bestimmten Laut von sich gibt, erstarren die Jungen und beobachten ihre Mutter beim Anpirschen der Beute. Auch wenn sie im Alter von zwei Jahren die Mutter verlassen, verlieren sie nicht ganz die emotionale Bindung, was sich an der freudigen Reaktion beim zufälligen Zusammentreffen zeigt. Zu den herrlichsten Beobachtungen in der Wildnis gehört das Spielverhalten zwischen Alt- und Jungtieren – auch eine so gefährliche „Raubkatze" wie die Leopardenmutter macht da keine Ausnahme, wie das Bild unten beweist.

Vorige Doppelseite: Ngorongoro, vom Kraterrand aus gesehen – in der Mitte der Magadisee. Die Landschaft soll nach einem Massai benannt sein, der Viehglocken anfertigte.

Rift Valley

Das durch einen Buckel gekennzeichnete Zeburind, das seit langem in Ostafrika gehalten wird, soll sich aus asiatischen Banteng- oder Gayalrindern entwickelt haben. Heute ist es ein wichtiges Mittel im Überlebenskampf afrikanischer Hirten, die tagtäglich der Härte von Trockenheit und Staub, sengender Hitze und Kälte ausgesetzt sind.

Die Geheimnisse der ersten Kämpfe des Menschen mit dem Land liegen in den vulkanisch geprägten Tälern zwischen Ngorongoro- und Serengeti-Ebene verborgen. Hier, unter der Asche des Kerimasi-Vulkans in der Laetoli-Ebene entdeckte die Wissenschaftlerin Mary Leakey 1978 die 3,7 Millionen Jahre alten Fußabdrücke eines aufrecht gehenden Hominiden. Frühere Funde ihres Ehemanns Louis in der nahegelegenen Olduvaischlucht hatten belegt, daß der 1,7 Millionen Jahre alte Homo habilis (der „geschickte Mensch") in der Lage war, Werkzeuge herzustellen, und daß es sich mit hoher Wahrscheinlichkeit um den direkten Vorfahren des modernen Menschen handelt.

Der Gepard mit seinen bernsteinfarbenen Augen und der unverkennbaren Gesichtszeichnung (Bild oben) beeindruckt vor allem durch die Verbindung anmutiger Geschmeidigkeit und hoher Laufgeschwindigkeit; beim geringsten Anzeichen von Gefahr verschwindet er geräuschlos und rasch. Auch die Tiere der Wildnis wie der Gepard haben heute mit der Abnahme von Nahrung und Raum zu kämpfen. Menschen wie Tiere haben darunter zu leiden, daß in Afrika in zunehmendem Maße zu wenig Raum zur Verfügung steht. Die harte Folge wird die Verdrängung der Tiere sein. Und eine weitere Verarmung der menschlichen Seele...

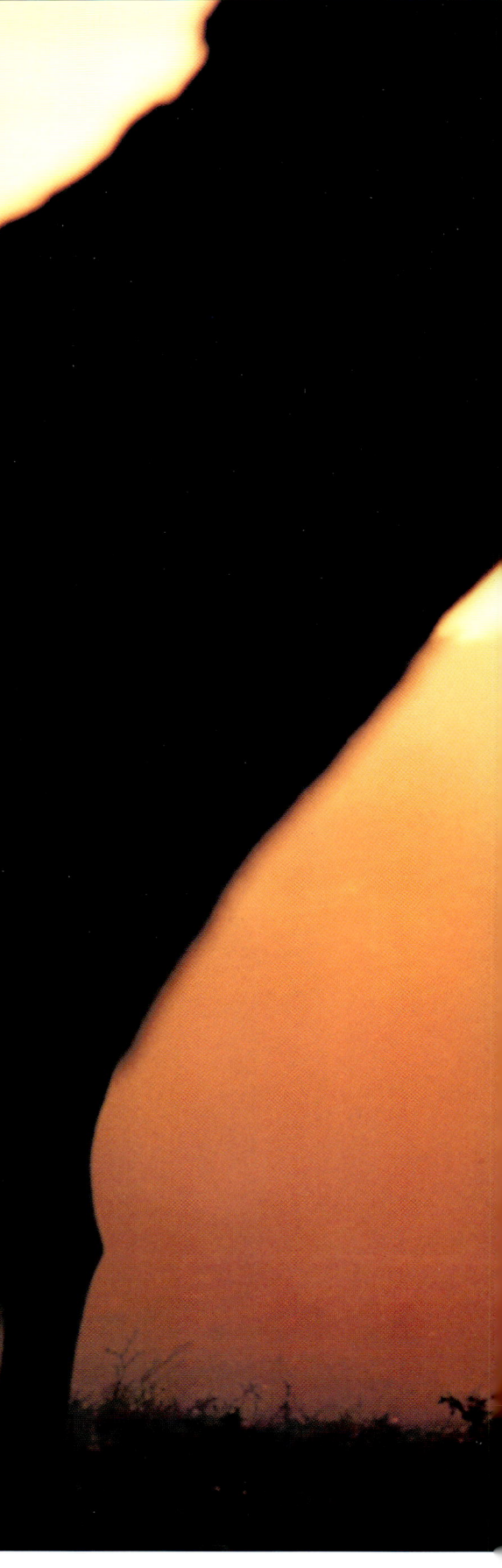

Afrika
Bewahrte Wildnis

Rift Valley

Elefanten leben in Familienverbänden, die aus einem erwachsenen Weibchen und seinen Jungen oder einer größeren Gruppe nahe verwandter Weibchen mit ihren Kindern bestehen. Bullen dürfen sich nur anschließen, wenn sie von Weibchen zur Paarung aufgefordert werden. Gleich danach werden sie wieder fortgeschickt und schließen sich in Junggesellenherden zusammen, ältere Bullen leben einzeln. Die Leitkuh ist Matriarch der ganzen Herde, die mehrere hundert Tiere umfassen kann. Wenn junge Männchen die Geschlechtsreife erreichen, verlassen sie die Herde. Die Elefanten auf dem Bild oben leben in einer Savanne mit Dumpalmen, der einzigen Palmenart, die Zweige bildet. Elefanten mögen besonders die dreieckigen, orangebraunen Früchte, deren Samen sie mit ihren großen Dunghaufen verbreiten.

Die „Grüne Baumschlange" *Dispholidus typus* – nach der in Südafrika gebräuchlichen Bezeichnung in Afrikaans auch bei uns gewöhnlich als „Boomslang" bezeichnet – jagt am Tage (Bild rechts oben). Sie ernährt sich von Vögeln, Eiern, Chamäleons und grundsätzlich von jedem Tier, das ungeschickt genug ist, sich dem Ast zu nähern, wo die Schlange gut getarnt lauert. Das Gift der Boomslang, ein wirksames Hämotoxin, verhindert die Blutgerinnung; da aber die Fangzähne sehr weit hinten im Maul liegen, wird das Gift erst beim Verschlingen der Beute freigesetzt. Dadurch besteht auch keine Gefahr beim Menschen.

Die Kuhantilopen *Alcelaphus buselaphus* – „Hartebeest" in Afrikaans, „kongoni" in Suaheli – mit ihrer pflaumfarbenen Zeichnung (Bild rechts unten) sind in ganz Ostafrika mit mehreren Unterarten verbreitet. Sie leben in größeren Herden in allen Trockengebieten südlich der Sahara: in Kenia, Senegal, Botswana und Namibia. Auf der Suche nach Weidegrund wandern sie über weite Entfernungen, wobei sie vom Wasser weitgehend unabhängig sind.

Afrika
Bewahrte Wildnis

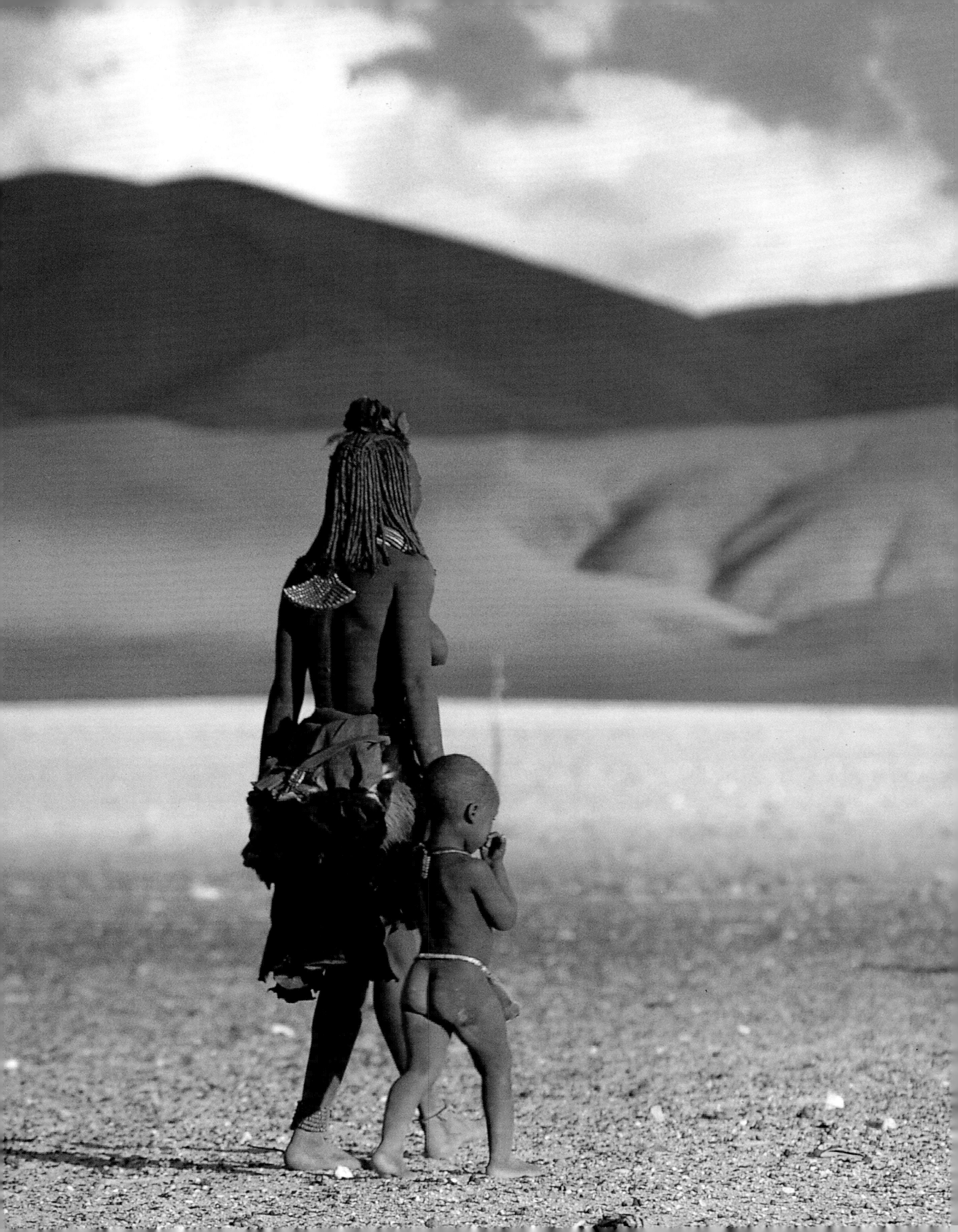

Wüste

Afrika

In den lavaschwarzen Bergen, mächtigen Dünen und alten Geröllfeldern im Südwesten Afrikas können nur zähe Nomaden wie die Himba des Kaokolandes und schnellfüßige Beutegreifer wie der elegante Gepard existieren. Unter der sengenden Sonne liegt die Wüste aus Sand und Felsen bewegungslos da, einem wartenden Gecko vergleichbar. Oben wölbt sich ein ewig blauer Himmel, von keinem Horizont klar begrenzt, und wohin man auch blickt, bietet die trockene Landschaft keine Zeichen der Hoffnung oder Erleichterung. Die wenigen Tiere, die hier ihren Lebensraum haben, müssen mit den knappen Feuchtigkeitsquellen auskommen oder sich auf die besonders angepaßten, eingeschränkten Bedürfnisse ihres Körpers verlassen. Die Schönheit, von der sie umgeben sind, ist eine rauhe, ernste Schönheit, eine Schönheit, geschaffen aus Licht und Raum und Prunklosigkeit. Sie leben in einer öden Wildnis, einem von der Sonne verbrannten Land, einem Land, von dem man sagt, Gott habe es im Zorn geschaffen.

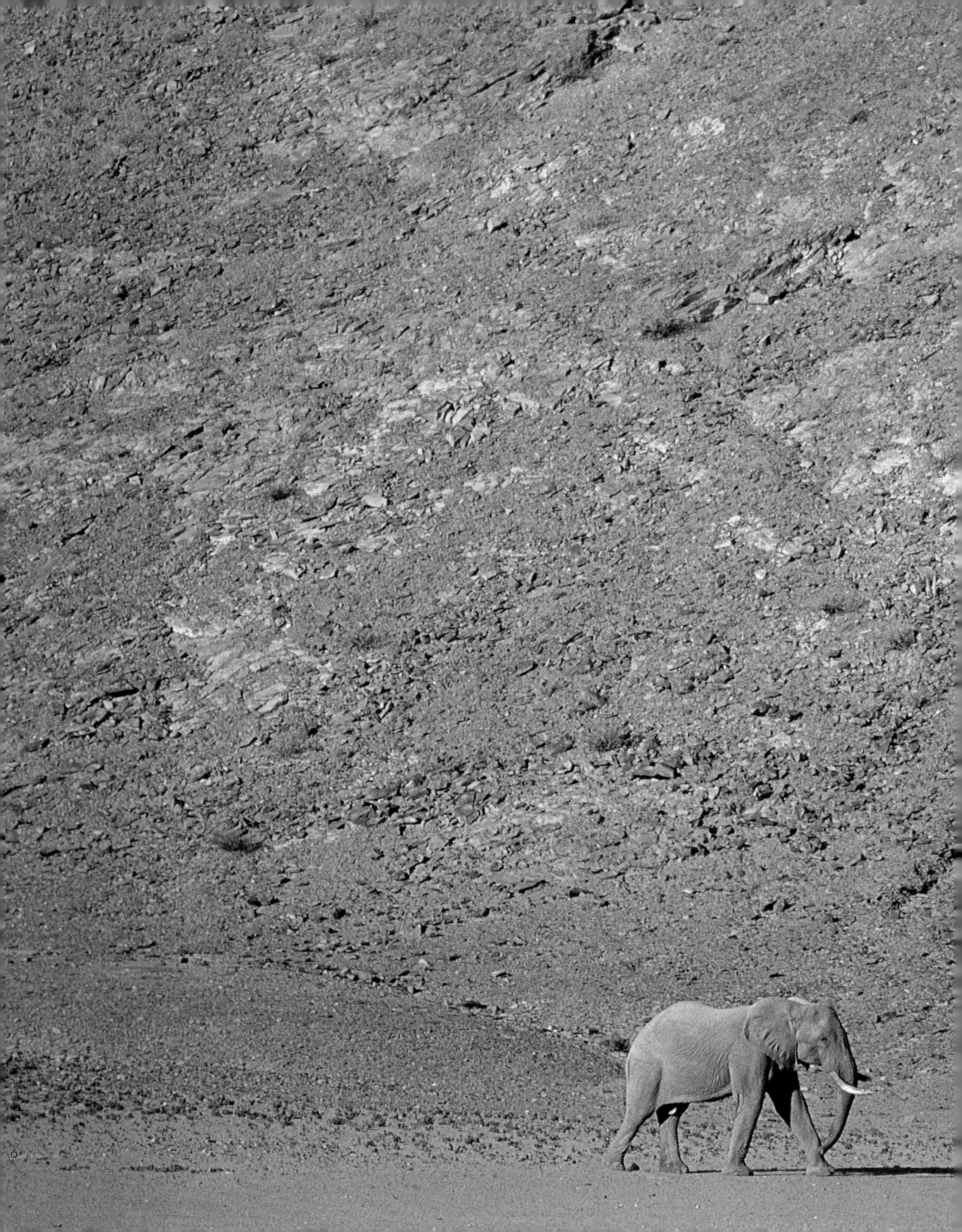

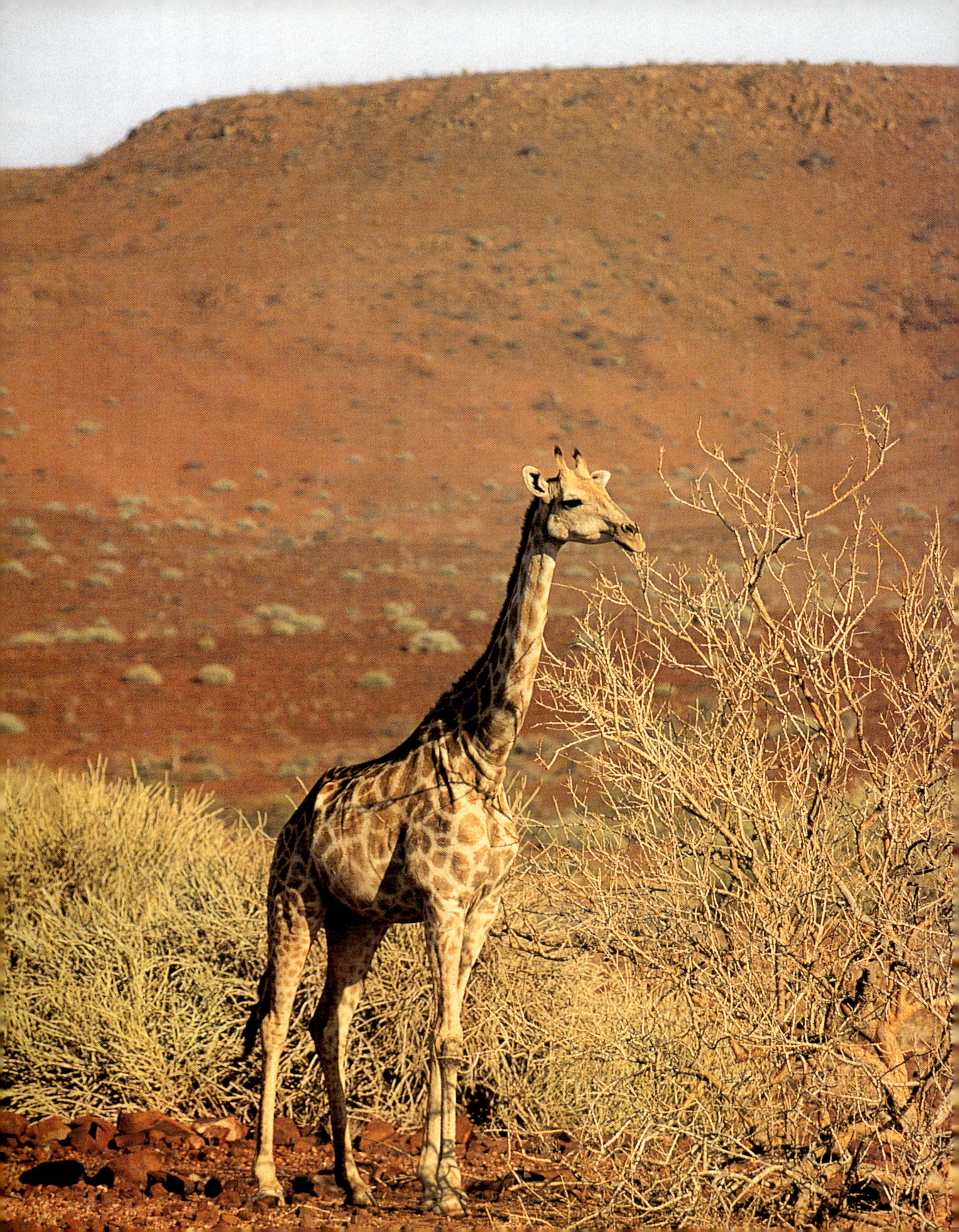

Afrika
Bewahrte Wildnis

Im trockenen Land

Das trockene Land, das sich von Namibias Atlantikküste aus erstreckt, ist eine große, rauhe Wüste, die schon vor 80 Millionen Jahren entstand. In einigen Gegenden hat der Wind aus dem roten Sand die klassischen Dünen und Rippelflächen geformt; in anderen scheint das Land so endlos und feindselig, daß man keinerlei Leben erwartet. Die Natur aber ist unglaublich erfinderisch. Im Damaraland, einem Trockengebiet, das sich an die bleiche, unwirtliche Skelettküste anschließt, hat sich eine Reihe von Tieren, die man sonst im grünen afrikanischen Busch erwartet, auf die eine oder andere Art an das Leben auf den kargen, ockerfarbenen Sandflächen angepaßt. Dazu gehören Elefanten, Nashörner (unten) und Giraffen (links) – Restbestände von Herden, die wegen der ständigen Verkleinerung der Lebensräume und der Bedrohung durch Wilderer in die Wüste ausgewichen sind.

Für ein Tier, das so gerne mit Wasser umgeht wie der Afrikanische Elefant *Loxodonta africana*, muß das Leben in der Wüste besonders schwierig sein. Elefanten zählen zu den Probosciden, den Rüsseltieren, die einen langen, beweglichen, zum Greifen geeigneten Fortsatz besitzen, mit dem sich das Wasser aufsaugen und in den Mund spritzen oder zur Abkühlung über den Körper sprühen läßt.

Vorige Doppelseite: Ein ungewöhnlicher Wüstenbewohner: Ein Elefant wandert durch das harte, unwirtliche, eigenartige Kaokoveld in Nordwestnamibia.

Wüste

Panik in der „Pfanne"

Die Trockengebiete im Südwesten sind voller Widersprüche. Weil der Nebel vom kalten Südatlantik jede Nacht in die Senken und Mulden der Dünen wallt, ist die sonst so ausgedörrte Namib die feuchteste Wüste der Erde. Wenn im Sommer der Regen kommt, verwandeln sich lange Sandrinnen und knochentrockene Schluchten jedes Jahr für wenige segensreiche Stunden in reißende Ströme. Und im Norden ist Afrikas größte, trockenste und salzhaltigste Mulde, die Etoscha„pfanne", von natürlichen Quellen umgeben.

Die Quellen und Strauchzonen sind ein Anziehungspunkt für Tausende von Tieren. Nachdem sie unter Giraffen und Zebras Wasser aufgenommen haben, scheinen die Kudus *Tragelaphus strepsiceros* – kenntlich an den geschraubten Hörnern – einen Beutegreifer bemerkt zu haben; sie fliehen in Panik vom Wasserloch. Die einzelnen Tiere kommen im Etoscha zu unterschiedlichen Zeiten an die Tränke. Kudus und Elenantilopen trinken gerne am Morgen, Zebras normalerweise um die Mittagszeit, Elefanten bevorzugen den späten Nachmittag, und Giraffen schließen sich jederzeit einer Ansammlung an. Löwen besuchen das Wasserloch in der Nacht, und Hyänen in einer kurzen Phase nach Mitternacht.

Die großen, ernst wirkenden Sekretäre *Sagittarius serpentarius* (Bild unten) wurden nach den verlängerten Federn an Kopf und Schwanz benannt, die an frühere menschliche Gewohnheiten erinnern. Sie ernähren sich hauptsächlich von Insekten, aber auch von Kleinsäugern und Schlangen oder anderen Reptilien. Die größere Beute erspießen sie mit dem Schnabel und trampeln dann mit den Füßen darauf, um sie vor dem Verschlingen „weichzuklopfen".

Afrika
Bewahrte Wildnis

Wüste

Afrika
Bewahrte Wildnis

Leben und Tod, nahe beieinander

Neben ausgebleichten Zebraknochen auf der Beiseb-Ebene in der Etoschapfanne sprießen dottergelbe Blumen und frisches Gras. Leben und Tod liegen in Afrika nahe beieinander, sie werden durch die Rhythmen von Dürre und Regen verbunden, von denen fruchtbare Ebenen und Wüsten gleichermaßen betroffen sind. Die 120 km lange und 55 km breite „Pfanne" bietet sich normalerweise als blendende Fläche aus Staub und Luftspiegelungen, ausgedörrt und unwirtlich. Mit dem Regen im neuen Jahr kommen Wasser und Leben zurück; allerdings ist das Wasser in der Pfanne doppelt so salzig wie Meerwasser, und nur die wanderfreudigen Flamingos und einige wenige zähe Amphibien gedeihen in den algenreichen Untiefen.

Die großen, grün-goldenen Ochsenfrösche *Pyxicephalus adspersus* – die ihre Lebensäußerungen auf die üppige Regenzeit konzentrieren – bringen mit ihren blökenden Rufen eine rauhe Kakophonie hervor, um Weibchen anzulocken. Diese legen bis zu 4 000 Eier, und nach drei Wochen wimmelt es überall im Feuchtgebiet von winzigen, quiekenden Ochsenfröschen.

Wüste

Land der Grautöne

In der unwirtlichen Landschaft aus Sand und Steinen unter dem hohen, heißen Himmel Namibias ist ein Farbkleid aus Schwarz, Weiß und Grautönen offensichtlich besonders passend. Das läßt sich an so unterschiedlichen Tieren wie dem Burchellzebra *Equus burchelli* (oben) oder dem Lappenchamäleon *Chamaeleo dilepis* (rechts) zeigen. Dem rätselhaft wirkenden Reptil stehen allerdings noch andere Töne zur Verfügung – es kann zur Tarnung das Farbmuster wechseln, die Bandbreite reicht von Leopardenflecken bis zu einheitlich dunklem Grün oder dem metallischen Steingrau der Salzmulden. Die Veränderungen sind teilweise von der Stimmung des Tieres abhängig und werden auch zur Regulierung der Körpertemperatur eingesetzt. Die Chamäleons sind überhaupt interessante Tiere: Ihre Augen bewegen sich unabhängig von einander und kontrollieren alles, während das Reptil sich langsam auf einem Ast vorwärtsbewegt. Viele Afrikaner erschrecken, wenn sie ein Chamäleon sehen, und jede Berührung wird vermieden, weil sie Unglück bringen soll. Ein stark gestörtes Lappenchamäleon-Männchen kann sich allerdings auch ganz schön „aufspielen": Es bläht sich auf, zischt, sperrt sein großes, orangefarbig gesäumtes Maul auf und richtet seine Nackenlappen auf, die an Dinosaurier erinnern. In Wirklichkeit ist es aber völlig harmlos, weil es weder Klauen noch Zähne als Waffen besitzt.

Afrika
Bewahrte Wildnis

Wüste

Licht und Raum

Die entlegene Landschaft der Namib-Naukluft-Wüste (Bild unten) wurde von den San-Buschmännern durchstreift, jenen kleinwüchsigen Jäger-Sammlern, die in Felshöhlen und an Felswänden ihre schönen Zeichnungen hinterlassen haben. Dieses Volk hatte ein tiefes Verständnis für die Harmonie der Natur, die allen Kreaturen, ob groß oder klein, ihren Platz in dem ungeheuren Gewebe der Schöpfung gibt. Der Mensch hatte, wie sie wußten, kein Sonderrecht in diesem Kosmos, nicht über die Vögel der Savanne wie den Schikrasperber *Accipiter badius* (rechts unten), nicht über eines der Wüstentiere. Aber der Mensch durfte den Großen Kudu jagen, wie es auch der Schakal tat (rechts oben), und alles an sich nehmen, was er zum Essen brauchte, und er durfte sich mit dem Fell eines Tieres wärmen, wenn der kühle Abend die sengende Tageshitze ablöste. Und es stand ihm zu, an den Wundern des Lebens teilzuhaben, den Wolken und dem Wind, dem Lachen der Sonne und dem Frieden eines sanft fallenden Regens.

Afrika
Bewahrte Wildnis

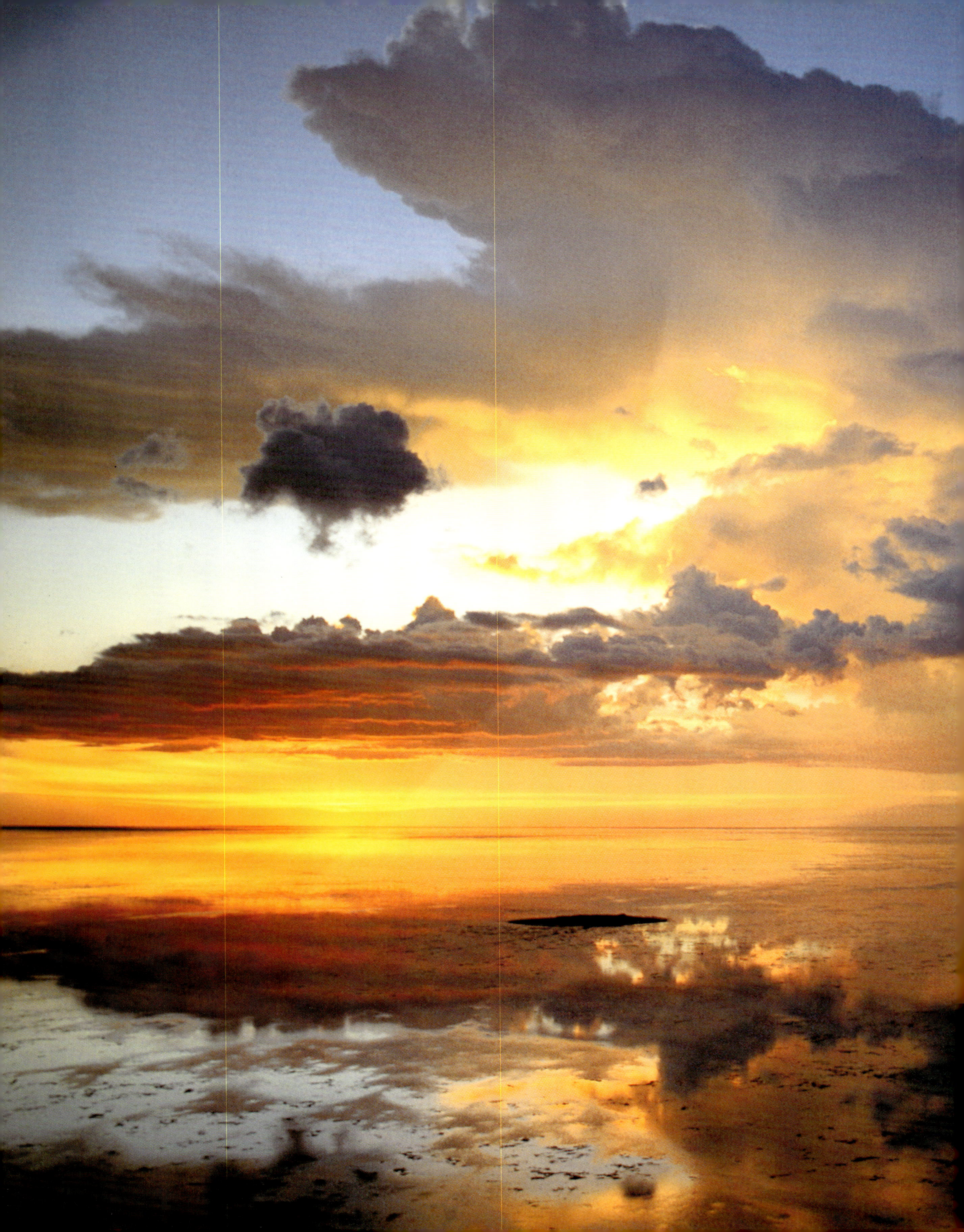

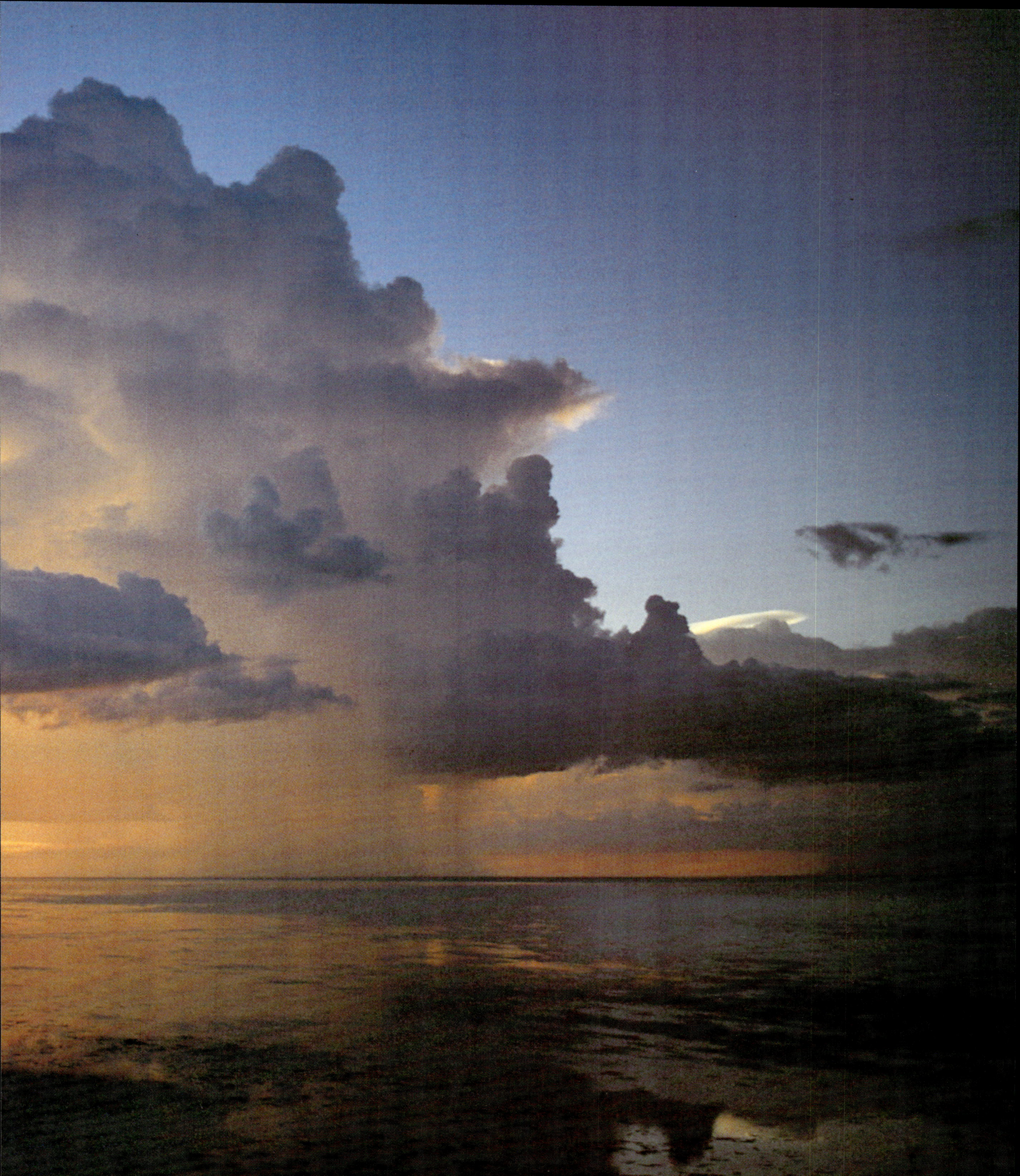

Wüste

Afrika
Bewahrte Wildnis

Wüstenelefanten wandern auf der Suche nach Nahrung oft 40 km an einem Tag, wobei sie teilweise das Mondlicht nutzen. Sie können bis zu vier Tage ohne Wasser auskommen – eine gewaltige Anpassungsleistung für ein Tier, das normalerweise 160 Liter am Tag trinkt. Doch gibt es selbst in diesem Lebensraum Wilderer, und in die trockenen Flußbetten – wesentliche Grundlage für unterirdisches Wasser und Standort der Kameldornbüsche, die dem Elefanten als magere Nahrung dienen – dringt der Mensch mit seiner wenig sensiblen Neugier vor.

Wie der Elefant haben auch die meisten anderen Tiere einen herausragenden Geruchssinn. Von der trockenen Kalahari im Osten bis zur kalten Atlantikküste zieht sich eine unterirdische Welt der Gänge und Bauten zahlloser kleiner, flinker Fleischfresser, die ab und zu an die Oberfläche kommen, um die Wüstenluft schnüffelnd zu prüfen. Der scheue, termitenfressende Erdwolf *Proteles cristatus* (Bild oben) wird seinem bedrohlichen Namen nur dann gerecht, wenn er erschreckt wird: Er sträubt dann seine Rückenmähne und stößt ein nervenaufreibendes Gebrüll aus.

Zu den verbreiteten Wüstentieren zählen weiterhin Hyäne, Schakal und Wüsten„fuchs". Der einzige echte Fuchs aber ist der Kapfuchs *Vulpes chama* mit silbrigem Fell und buschigem Schwanz (Bild unten). Da man glaubte, er würde Lämmer räubern, hat man ihn in einigen Teilen Südafrikas systematisch verfolgt und getötet. Der niedliche Fuchs wurde aber zu Unrecht verdächtigt – verstohlen streift er in der Nacht umher und erbeutet ausschließlich Insekten, Echsen, Spitzmäuse, Spinnen usw., gelegentlich frißt er zusätzlich Früchte.

Vorige Doppelseite: *Bei Sonnenuntergang haben sich mächtige Sturmwolken aufgetürmt – Dramatik, die sich in den ruhigen Wasserflächen der Etoschapfanne spiegelt.*

Wüste

Freier Himmel, salzige Ebene

Mit ihren 90 Kilogramm Gewicht und über zwei Metern Höhe sind die Afrikanischen Strauße die größten Vögel der Welt (Bild rechts). Obwohl sie nicht fliegen können, bewegen sie sich flink wie der Wind und erreichen auf ebenen Flächen wie Salzpfanne oder Savanne fast 70 Stundenkilometer. Angeblich „stecken sie den Kopf in den Sand" – wahrscheinlich kam der Aberglaube zustande, weil sie manchmal mitten im Lauf plötzlich anhalten, sich hinkauern und den Hals gestreckt auf den Boden legen, um so vollkommen aus dem Blickfeld zu verschwinden.

Der männliche Strauß *Struthio camelus* bewacht das Gelege aus rahmfarbenen, mit Poren übersäten Eiern, von denen jedes so groß ist wie zwei Dutzend Hühnereier. Die frisch geschlüpften Küken können von Anfang an fast so rasch rennen wie ihre Eltern. Der „freie Lauf" der Tiere (in Wirklichkeit oft eine Fluchtbewegung) wird geradezu symbolisch mit den weiten Ebenen Afrikas verknüpft – gleich, ob man dabei an den unsymmetrischen Galopp der Giraffe denkt, an den scheinbar gelassenen Kanter des Elefanten oder an den eher plump wirkenden Schnellauf des Gnus (Bild unten). Aber auch für die stille Freiheit eines Falters ist Platz in der weiträumigen Landschaft Afrikas – *Junonia hierta cebrene*, einer der am feinsten gezeichneten Schmetterlinge des „Veld".

Afrika
Bewahrte Wildnis

Wüste

Wenn Etoscha ruft ...

Die Etoschapfanne, der „Ort der großen, weißen Räume", war ursprünglich ein riesiger, flacher See, der nach einer Legende der Heikum-Buschmänner durch die Tränen einer betrübten Mutter entstand. Als der Kunenefluß seinen Lauf weiter nach Norden verlegte, verdunstete der flache See und ließ 5000 Quadratkilometer Salzwüste zurück – eine weite Ebene mit flimmernden Spiegelbildern, Staubwolken und einem endlos fernen Horizont.

Verdorrte Grasflächen und Akazienbuschland umgeben die Salzmulde, und wo artesische Quellen entstanden sind, versammeln sich die Antilopen. Für Beutegreifer sind die Ansammlungen an den Wasserlöchern eine günstige Gelegenheit. Der Leopard *Panthera pardus*, einer der geschicktesten Jäger, ist der gut getarnte „Untergrundkämpfer" der Salzpfanne (Bild rechts oben). Nahezu unhörbar und unfehlbar durchstreift er bei Nacht die Wüste, hält sich dabei an die Schluchten und die mit Bäumen gesäumten Flußbetten und stillt seinen Flüssigkeitsbedarf ausschließlich aus der Beute. Er kann eine Antilope, die so schwer ist wie er selber, in einen Baum oder auf einen Felsen schleppen, Flüsse durchschwimmen und auf einen drei Meter hohen Felsen springen; Sehvermögen und Tastsinn mit den langen Schnurrhaaren sind hervorragend.

Die Jungen der Löwen *Panthera leo* wiegen bei der Geburt eineinhalb kg, halb so viel wie ein Menschenkind. Müssen die Elterntiere weiterziehen, werden die Kleinen von der Mutter vorsichtig im Maul befördert (Bild rechts unten). Auf den trockenen Flächen, wo es nur wenige oder leichtgewichtige Beutetiere gibt (z. B. Springböcke, Bild links) kommen derartige Umzüge öfter vor. Natürlich sind die Gefahren für die Jungen besonders groß, auch die Gefahr des Hungertodes. In der trockenen Kalahari, in Namibia und Angola beträgt die Jungensterblichkeit im ersten Jahr 50 Prozent.

Afrika
Bewahrte Wildnis

Wüste

Kampfbereite Schnelläufer

Der Name des Zebras stammt von portugiesischen Seefahrern, die den „Wildesel" bereits vor 500 Jahren aus Zaïre beschrieben haben. Keine zwei Zebrastreifen sind genau gleich. Das Streifenmuster dient eigentlich nicht der Tarnung, kann aber durchaus auf Beutegreifer verwirrend wirken, die Schwierigkeiten haben, in der Herde aus den vielen Streifen ein einzelnes Tier herauszusuchen. Während der Tageshitze richten die Zebras ähnlich wie Springböcke ihr Hinterteil zur Sonne, um die bestrahlte Fläche möglichst klein zu halten. Die Gewohnheit der Zebras, sich in der Nähe von Gnus aufzuhalten, ist von beiderseitigem Nutzen: Die gut ausgebildeten Geruchs-, Seh- und Hörsinne des Zebras bilden auch für die Gnus ein günstiges Frühwarnsystem gegen Beutegreifer; die Zebras haben den Vorteil, daß alle betreffenden Fleischfresser die Gnus als Beutetier bevorzugen.

Die Zebrahengste kontrollieren ständig den äußeren Kreis ihrer Familienherde und bilden einen höchst wirksamen Schutz vor Beutegreifern. Zu den Zeiten, in denen es um die Rangordnung oder die Paarbildung geht, sind sie allerdings stark mit internen Kämpfen beschäftigt (Bild rechts): Sie trommeln mit wirbelnden Hufen aufeinander ein, die Hinterteile zueinander gekehrt, sie „ringen" miteinander, treten und stürzen mit entblößten Zähnen und auskeilenden Vorder- und Hinterbeinen aufeinander los; manchmal lassen sie sich sogar auf den Vorderbeinen in den Sand herunter und kämpfen wild weiter, indem sie mit geifernden Mäulern den Hals des Gegners fortdrücken.

Über den Gepard *Acinonyx jubatus*, der hier im warmen Licht der Nachmittagssonne liegt (Bild oben), läßt sich Würdevolleres berichten: Nach einem Märchen der San-Buschmänner soll er an einem Wettlauf teilgenommen haben, der darüber entscheiden sollte, wer das schnellste Tier auf Erden sei, der Gepard oder die Sassaby-Antilope. Während des Rennens sei die schnelle Antilope, die schon geführt hatte, gestolpert und gestürzt. Der Gepard habe angehalten und ihr geholfen – und als Dank für diese freundliche Geste habe Gott dem Gepard den Ruhm des schnellsten Tieres in der Wüste zugeteilt.

Afrika
Bewahrte Wildnis

Wüste

Lebensfreude und Schmerz

Das zimtbraun-weiße Farbkleid des Springbocks *Antidorcas marsupialis* scheint etwas von der lebendigen Schönheit der Ebene widerzuspiegeln – und sieht man diese Antilope über die staubige Steppe springen, wirkt es wie ein überschäumender Ausdruck von Lebensfreude in der kargen Landschaft. Afrikas Dramatik läßt sich oft am Tod gerade dieser und ähnlicher Tiere durch einen Beutegreifer wahrnehmen: erst die Hetzjagd, dann der entscheidende Sprung, dann der tödliche Biß in den Hals – das unerbittliche Gesetz des Tötens und Getötetwerdens. Ein andermal aber wird die ganze feierliche Schönheit der Wildnis am Beginn des Lebens, bei einer Geburt offenbar. Das Springbockweibchen (Bild rechts) wird sein gerade geborenes Lamm ein paar Tage im hohen Gras verstecken, wo es eng zusammengerollt liegenbleibt. Später werden sich die Mutter und das Lamm einer Aufzuchtgruppe, einem „Kindergarten" anschließen: Alle Jungen lagern an einer Stelle zusammen, während die Mütter in der Nähe äsen. Im Sommer dann schließen sich mehrere Herden zusammen, so daß deutlich größere nomadisch lebende Gruppen entstehen – früher hat man in Südafrika millionenstarke Herden festgestellt. Heute ist die Verbreitung der Springböcke im wesentlichen auf die Trockengebiete Namibias und Botswanas beschränkt; allerdings werden diese Antilopen auch in Südafrika extensiv in Farmen als Jagdtiere gehalten.

Geht man durch einen der trockenen Mopanewälder Afrikas, wird man fast immer irgendwo auf der Spitze eines kleinen Baumes eine Gabelracke *Coracias caudata* sitzen sehen, die durch ihre Farbenpracht besticht und sich offenbar kaum gestört fühlt. Bekannt sind diese Vögel auch durch ihr interessantes Balzverhalten. Sie sind in vielen Teilen Afrikas verbreitet; eine verwandte Art, die Blauracke, tritt in Afrika als Zugvogel aus Europa auf.

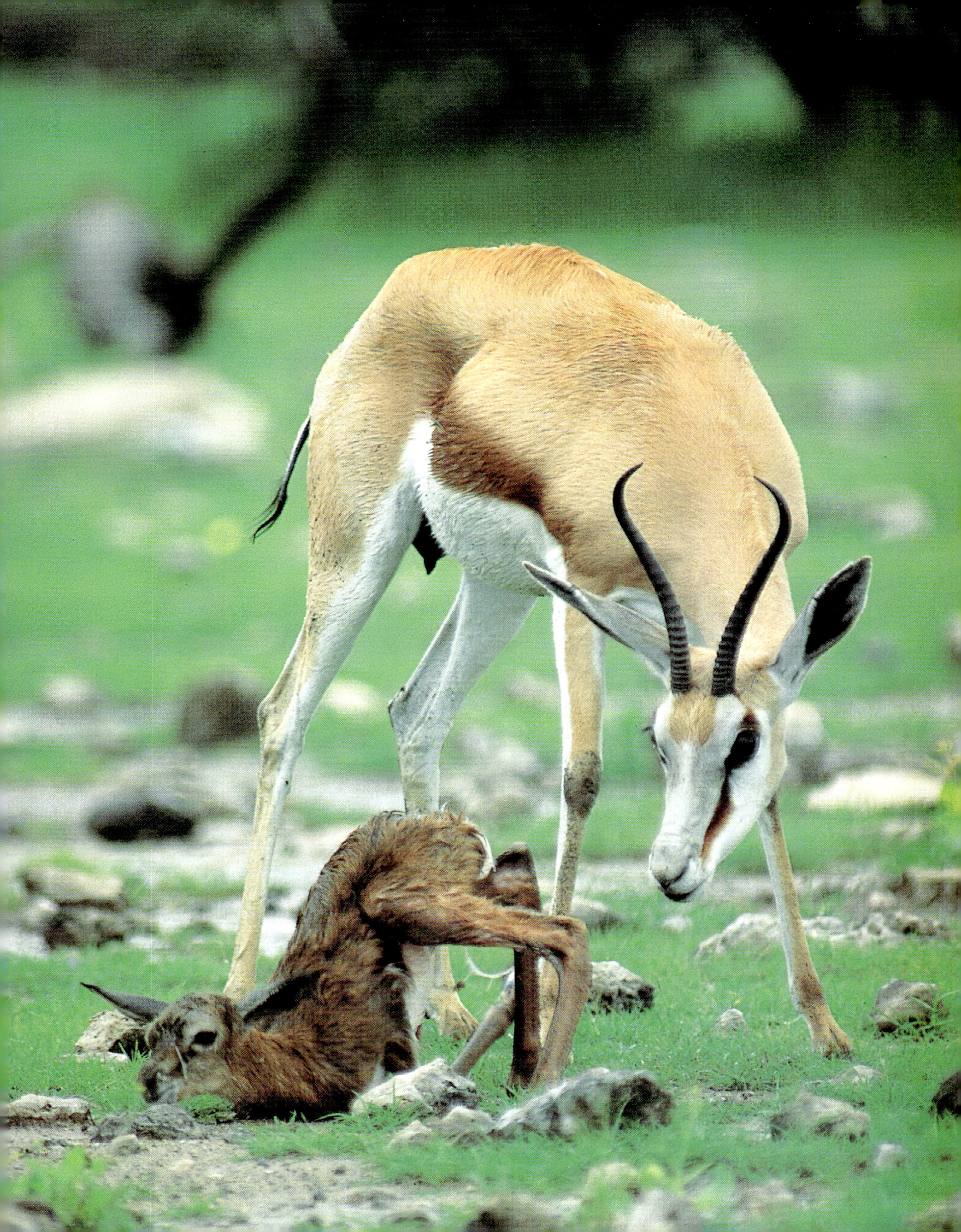

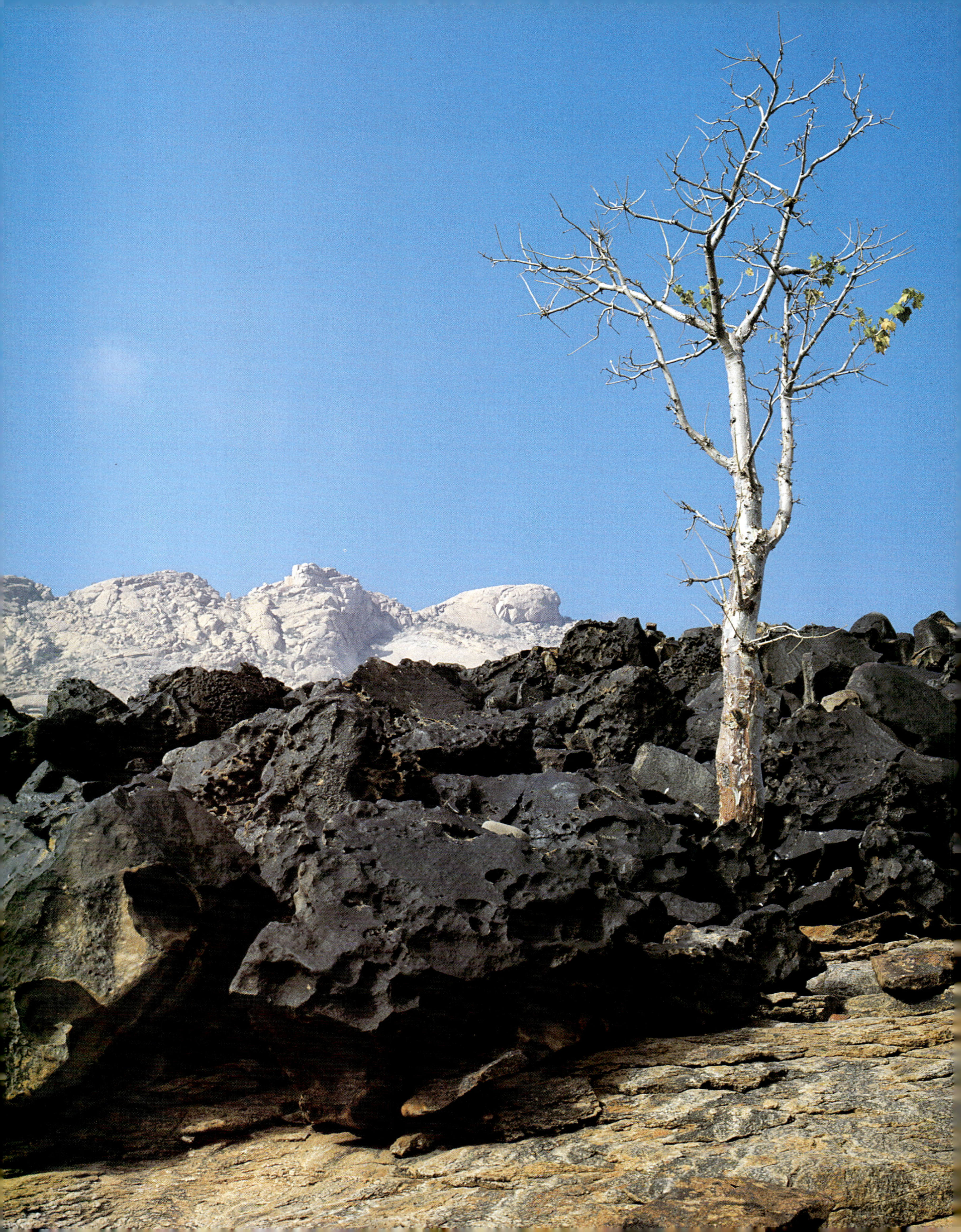

Afrika
Bewahrte Wildnis

Nachrichten aus der Vergangenheit

Der einsame Reisende durch die Ebenen Namibias, der den großen, ausgedörrten Block des Brandbergs zu Gesicht bekommt, wird alle Hoffnung auf ein Ende der Strapazen vor diesem kompakten Fels mit seinen Lavanarben fallenlassen. Aber das 30 km breite, bis 2 873 m hohe Massiv – eine 500 Millionen Jahre alte Granitinsel – ist ein „sanfter Riese", der Mensch und Tier jahrtausendelang mit seinen ganzjährigen Quellen, den zähen Gräsern und den Moringabaumschluchten Schutz und Nahrung bot.

Vor allem aber beherbergt der Brandberg einen der größten Kulturschätze Afrikas. Die Buschmänner waren die ersten „Ökologen" Afrikas, sie lebten in unromantischer, aber vollkommener Harmonie mit ihrem fein ausgewogenen Wüstenökosystem. Davon zeugen die zahllosen erhaltenen Felsbilder: rund 50 000 Tier- und Menschenfiguren an Felswänden, unter Überhängen des Brandberges und weitere 2 000 Malereien und -ritzungen in den nahegelegenen Twyfelfontainbergen (Bild oben). Diese Darstellungen erzählen sehr viel mehr über den Menschen in Afrika und seine Beziehung zur Wildnis als vergleichsweise die Gräber der Pharaonen, die Felsbilder der Tassilihügel in der Sahara oder die Fossilien der Olduvaischlucht Tansanias. Die Buschmannbilder, die von dem Wissenschaftler Harald Plager gewissenhaft entziffert wurden, hatten nach Meinung vieler Archäologen religiös-kultische Bedeutung. Sie spiegeln die spirituelle Kraft wider, die die Menschen beim Tanz in Trance aus bestimmten Tieren oder Naturelementen gewannen, wobei die wechselseitige geistige Heilung das Ergebnis war. Diese Heilkräfte sind es, die in den Bildern gebannt wurden, die sich heute noch an schützenden Stellen in der Wildnis des Brandberges befinden – dem Wüstenrefugium des Buschmannglaubens.

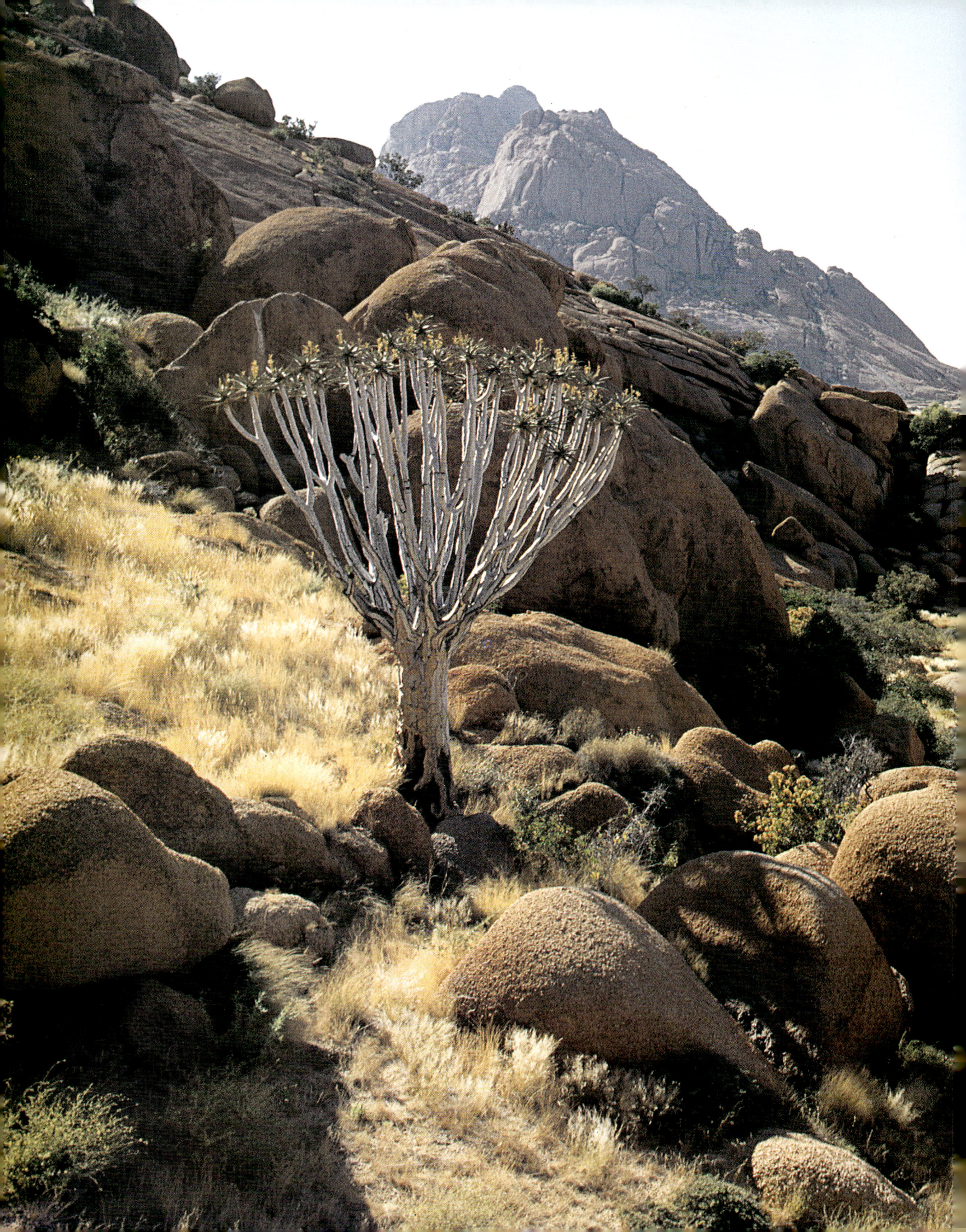

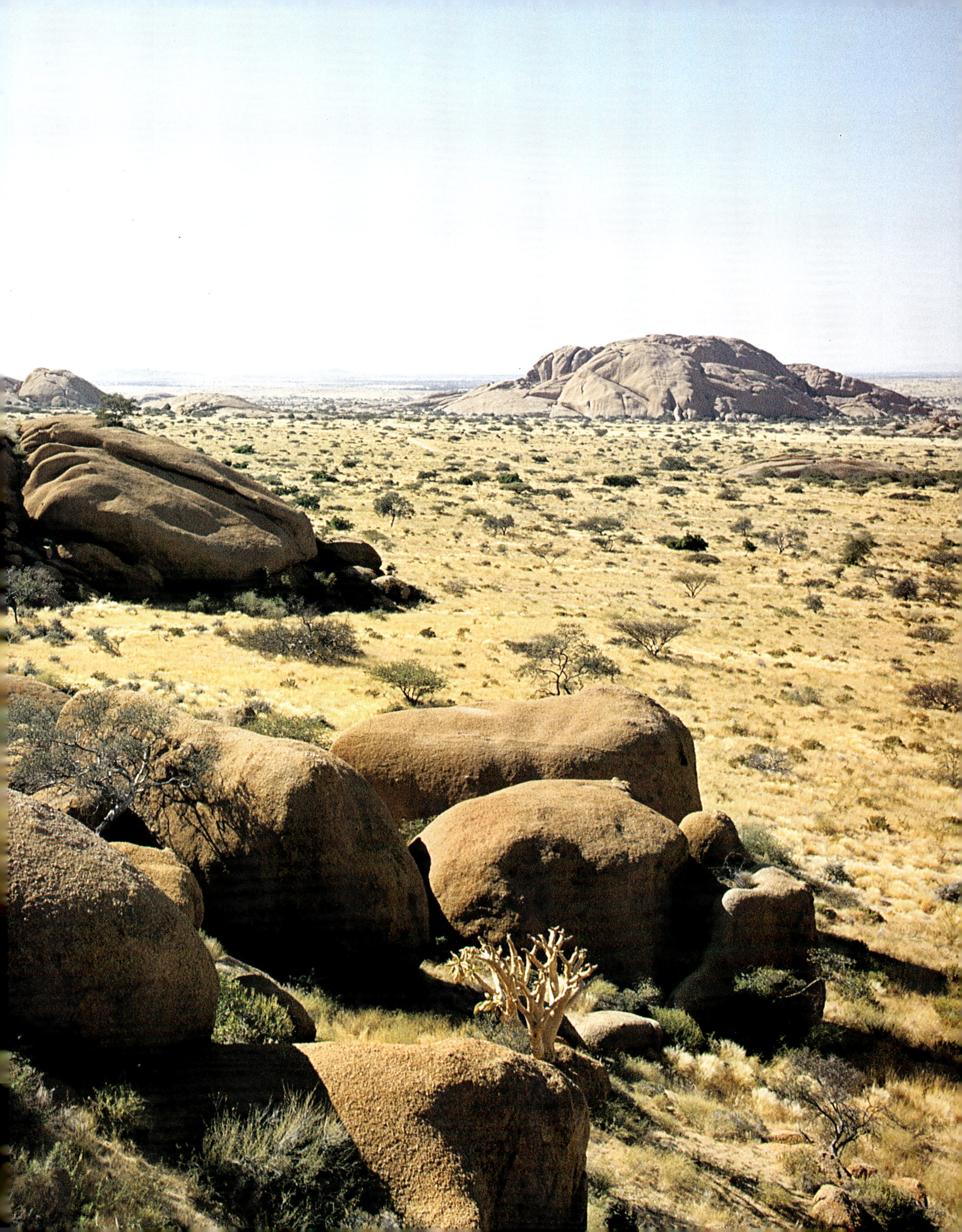

Wüste

Unter Sandkörnern

Im Volk der Nama gibt es ein Gebet: „Laß die Donnerwolke strömen, oh Tsui-goab". Es ist ein ernstes Gebet, denn in der Wüste ist das erbetene Ereignis selten. Die Menschen und die Tiere der Wüste müssen sich Flüssigkeit und Nahrung auf anderen, manchmal recht ungewöhnlichen Wegen beschaffen. In der feuchten Kühle des frühen Morgens krabbelt der Schwarzkäfer oder Tenebrionide *Onymacris unguicularis* (Bild rechts) auf den dampfenden windgeformten Kamm einer Sanddüne und macht dort einen Handstand; auf seinem glänzenden Rücken kondensiert der über Nacht entstandene Nebel vom Meer, und das Wasser tröpfelt ins Maul hinunter.

Ein weiteres Beispiel kleiner Tiere, die sich an das Leben in der Wüste angepaßt haben, ist die Netz-Scharreidechse *Meroles reticulatus* (Bild unten): Sie sieht wie ein Krokodilbaby aus und fängt Insekten auf der Leeseite der Dünen. Wird sie bedroht, huscht sie davon, hält wieder an, prüft und taucht schließlich unter die Sandoberfläche. Es gibt auch Ameisen, die auf den vom Wind zugetragenen Pflanzen ihr Auskommen finden, nachtlebende Geckos mit „Schwimmhäuten" – die Wüstengeckos – sowie die seltsamen Sandtaucher-Eidechsen mit ihrer „Schaufelschnauze", die eine Art Hitzetanz ausführen – dabei werden erst der Schwanz und dann ein Fuß nach dem anderen im Wechsel vom heißen Sand abgehoben, um ihn einen Moment abkühlen zu lassen.

Einer der faszinierendsten Dünenbewohner ist die tanzende „White-lady"-Spinne *Heteropoda leucorchestris* (Bild rechts unten). Sie verschließt ihren Dünenbau mit einem sandhaltigen Gespinst, das dazu dient, ihren größten Feind, die Schwarze Dünenwespe, irrezuführen. Begegnet die Spinne der Wespe auf einer Düne, geht sie zu einem taumelnden Drohtanz über, durch den das hungrige Raubinsekt sich normalerweise vertreiben läßt. Eine andere dünenbewohnende Spinne, die „Rollspinne", setzt wieder eine ganz andere Taktik ein: Nähert sich eine Wespe, flieht sie nach oben auf einen Abhang, formt ihren Körper zu einem kleinen Ball und läßt sich die Düne hinunterrollen.

Vorige Doppelseite: *Ein Köcherbaum* Aloe dichotoma *in der herb-schönen Landschaft der Pondokberge. Aus dem weichen Holz dieses Baumes haben die San-Buschmänner ihre Pfeilköcher hergestellt. Seine Verbreitung ist auf Namibia und den Nordteil des Kaps beschränkt.*

Afrika
Bewahrte Wildnis

Wüste

Ein einsamer Friedhof

Skelettküste: Schon der Name beschwört das Bild einer einsamen, unheilbringenden Landschaft. Der 550 km lange Küstenabschnitt, der von Südangola bis weit nach Namibia hinein reicht, hat mit seinen heftigen Stürmen, den riesigen Wellenbergen und den verborgenen Sandbänken schon manchem Schiff den Untergang gebracht.

Dennoch ist die Küste auch von einer wilden Schönheit, die ihren eigenen Reiz hat. Das Meer donnert mit schäumenden Brechern heran, einer nach dem anderen rollt im ewigen Rhythmus aus den Tiefen des Ozeans in die Brandung und läuft auf dem welligen Sand aus, vor den endlosen, nebelfeuchten Dünenwellen. Die sichelförmigen Dünen selber wandern in einem Jahr bis zu drei Meter, weil die Kämme durch den dauernden Südwestwind immer wieder abbrechen und als donnernde Lawine hinabrollen.

Im kalten Meer leben Wrackbarsche, Königsbarsche und Fädlerfische, während auf dem granatroten Sand Geisterkrabben scheinbar spielerisch in der Brandung umherflitzen und Möwen und Kormorane flattern und tauchen. An einer anderen Stelle zeugt das Wrack eines gestrandeten Schiffes davon, daß in diesem Teil Afrikas bei dem harten Kampf des Menschen mit seiner Umwelt oft die Natur gesiegt hat.

Afrika
Bewahrte Wildnis

Wüste

Afrika
Bewahrte Wildnis

Wasser aus der Wüste

In den rauhen Tälern Namibias sehnen sich die meisten Lebewesen trotz aller Anpassungsfähigkeit nach einem Wasserlauf. Wenn das Wasser endlich kommt, wirkt es wie ein Wunder. Einige Flüsse führen nur ein- oder zweimal im Leben eines Menschen Wasser. Gewöhnlich sieht man sie nur als trockene Sandbetten, hier und da mit einer Makalanipalme oder einem geisterhaften Moringabaum bewachsen. Und doch taucht in jener Landschaft aus endlosen Sandflächen, knorrigen Sträuchern, ausgedörrten Bergen und flimmernden Luftbildern eines Tages das lebenspendende Wasser auf.

Die Fischflußschlucht (Fish River Canyon, Bild links) sieht auf den ersten Blick nicht gerade wie das Gelobte Land aus. Mit ihren 160 Kilometern Länge und 500 Metern Tiefe ist sie nach dem Grand Canyon in den USA die zweitgrößte Schlucht der Erde. Wie eine braune Klaffwunde schneidet sie sich in die sengend heiße Geröllebene Südnamibias ein. Steht man am Rand, wirkt der Abgrund schauerlich und schroff. Weit unten, wo die Fallwinde auftreffen, behauptet sich der Fischfluß mit trägem, grünlichem Wasser, umgeben von Ried, Kameldornbüschen und knorrigen Ebenholzbäumen.

Zu den sterbenden Völkern – vergleichbar einem Gewässer, das in einer rissigen Mulde unter der erbarmungslosen Sonne allmählich verdunstet – zählen die !Kung-Buschmänner in den Tsodilobergen nahe Botswanas Grenze mit Namibia. Ihre alten Wege sind weitgehend verschwunden oder verbaut; so leben sie nur noch in einigen wenigen Touristendörfern, und vom Nachwuchs folgt niemand mehr der Nomadentradition.

Wüste

Einsame Dünenbewohner

Die schöne Oryxantilope *Oryx gazella* mit ihren langen Spießen wirkt wie geboren für Sonne, Wind und das brennend heiße Sandmeer (Bild rechts). Wie ihr Gegenstück, die Damagazelle der Sahara, ist sie ein echter Wüstenbewohner. Beim Laufen wird ihr Atem an einem feinen Netzwerk von Blutgefäßen im Nasenraum vorbeigeführt, was zu einer starken Abkühlung der Hirndurchblutung führt. Den Flüssigkeitsbedarf deckt sie hauptsächlich aus dem Stoffwechsel, so daß sie lange Zeit ohne Trinkwasser auskommen kann.

Der Pfeifgecko *Ptenopus garrulus* bietet willkommene Abwechslung, vor allem wenn am Abend sein seltsamer zirpender Ruf von den Sanddünen widerhallt. Rätselhaft bleibt aber, woher die Laute kommen, wenn sie wie eine akustische Luftspiegelung während des Sonnenuntergangs von den pastellfarbenen Tälern und Hügeln der Namib erschallen. Die Zwergpuffotter *Bitis peringueyi* läßt sich davon aber nicht täuschen. Sie lauert im Sand verborgen, nur die oben am Kopf sitzenden Augen schauen hervor. Sobald der Gecko vorbeikommt, schießt die Seitenwinderschlange aus ihrer Deckung hervor und bringt den tödlichen Biß an (der für den Menschen nicht lebensgefährlich sein soll, Vorsicht ist aber geboten).

Afrika
Bewahrte Wildnis

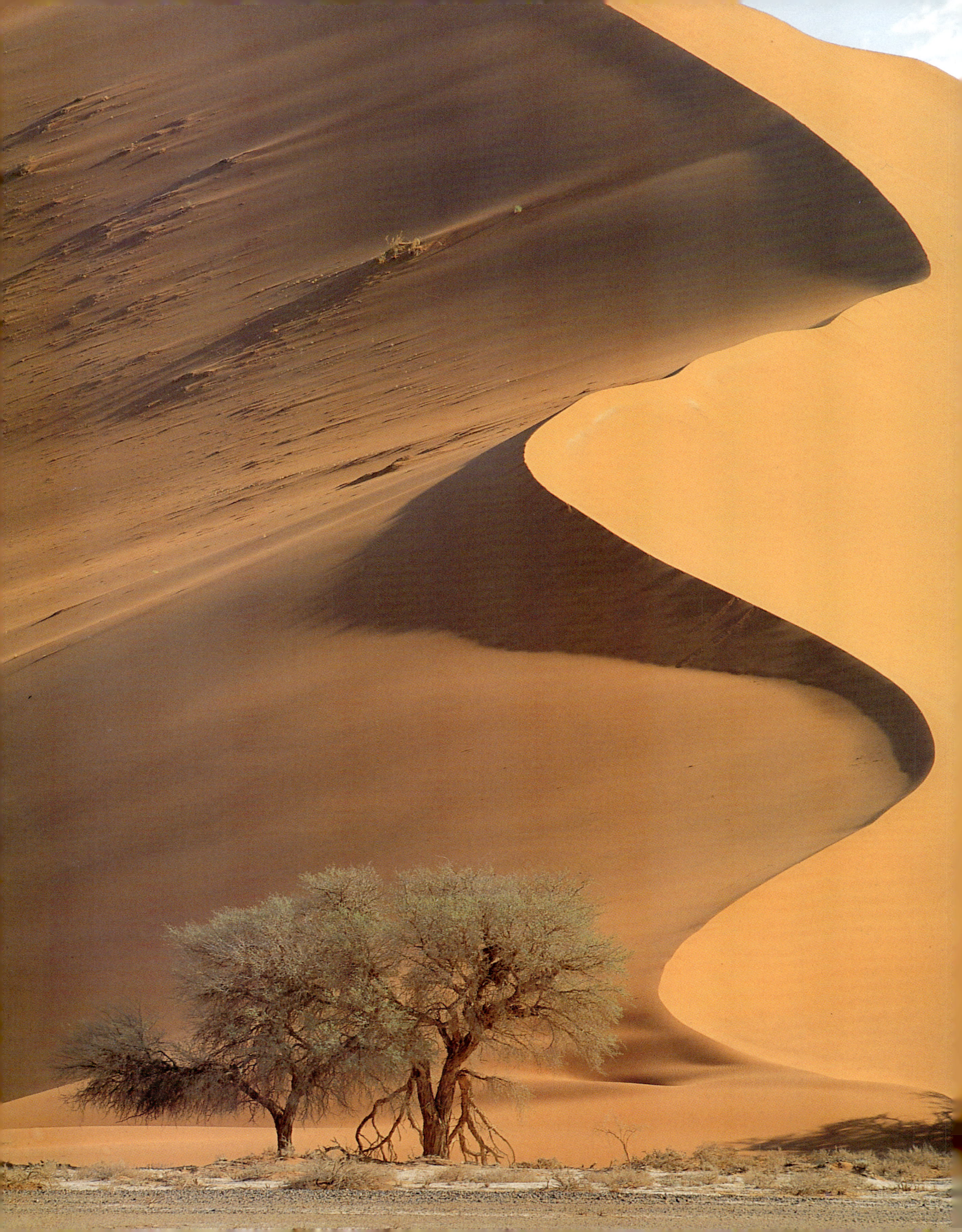

Afrika
Bewahrte Wildnis

Im Überlebenskampf

Durch die großen, geschwungenen Dünen des Sossusvlei mit ihren unerwarteten Höhen und ockergelben Farbtönen bekommt die oft so öde Wüste einen eigenen Reiz. Wo der unterirdische Tsauchabfluß seinen Lauf zum Meer aufgibt, türmen sich diese Dünenberge 340 m hoch – es sind die größten der Welt. Ein unaufhörlicher Wind formt sie ständig neu. Manchmal bilden sich in ihrem Schutz kleine Mulden, wo dann gespeist von unterirdischem Wasser Kameldornbäume *Acacia erioloba* aufkommen. Verloren stehen sie in einer kleinen Gruppe im trockenen Flußbett, bringen gelbe Blütenbällchen hervor und Schoten, die wie Kamelohren geformt sind und sich pelzig anfühlen.

Ein Wunder der Natur, eine einzigartige Erscheinung in den Trockengebieten Namibias und Südangolas, ist die Welwitschiapflanze *Welwitschia mirabilis* (Bild unten) – ein Symbol für die Durchsetzungskraft des Lebens selbst unter widrigsten Umweltbedingungen. Charles Darwin ordnete sie als „Schnabeltier der Pflanzenwelt" ein, als er durch den Naturmaler Thomas Baines vor 140 Jahren zum ersten Mal davon hörte. Die Pflanze lebt ein-, vielleicht zweitausend Jahre, besitzt nur zwei wirre, zerfetzte Blätter, wiegt bis zu 100 kg und bedeckt mit ihrer schmucklosen Gestalt den Sand im Umkreis von drei Metern. Den größten Teil ihres Flüssigkeitsbedarfs deckt sie mit Hilfe eines feinen Wurzelnetzes dicht unter der Oberfläche, das den Morgentau oder Kondenswassertropfen der Pflanze selber aufnimmt. Selten sieht man einmal eine junge Welwitschiapflanze, wahrscheinlich weil die rosa-gelben Blüten der getrenntgeschlechtlichen männlichen und weiblichen Pflanzen nur in einem Jahr mit außergewöhnlich starkem Regenfall zusammenkommen. Der Gefährdungsgrad ist deshalb schwer abzuschätzen. Offenbar ist die Südwestecke Afrikas besonders geeignet, Altes zu bewahren: Am Etjoberg hat man die meterlangen Fußabdrücke eines 200 Millionen Jahre alten Dinosauriers gefunden; in Hoba in den Otavibergen ist einst ein 60 Tonnen schwerer Meteorit – der größte der Welt – eingeschlagen; an derselben Stelle entdeckte man Urmenschenfossilien, die Ostafrika als Wiege der Menschheit den Rang streitig machen.

Nächste Doppelseite: Diese Südafrikanischen Seebären am Kap Cross in Namibia genießen offenbar den salzigen Duft des Meeres.

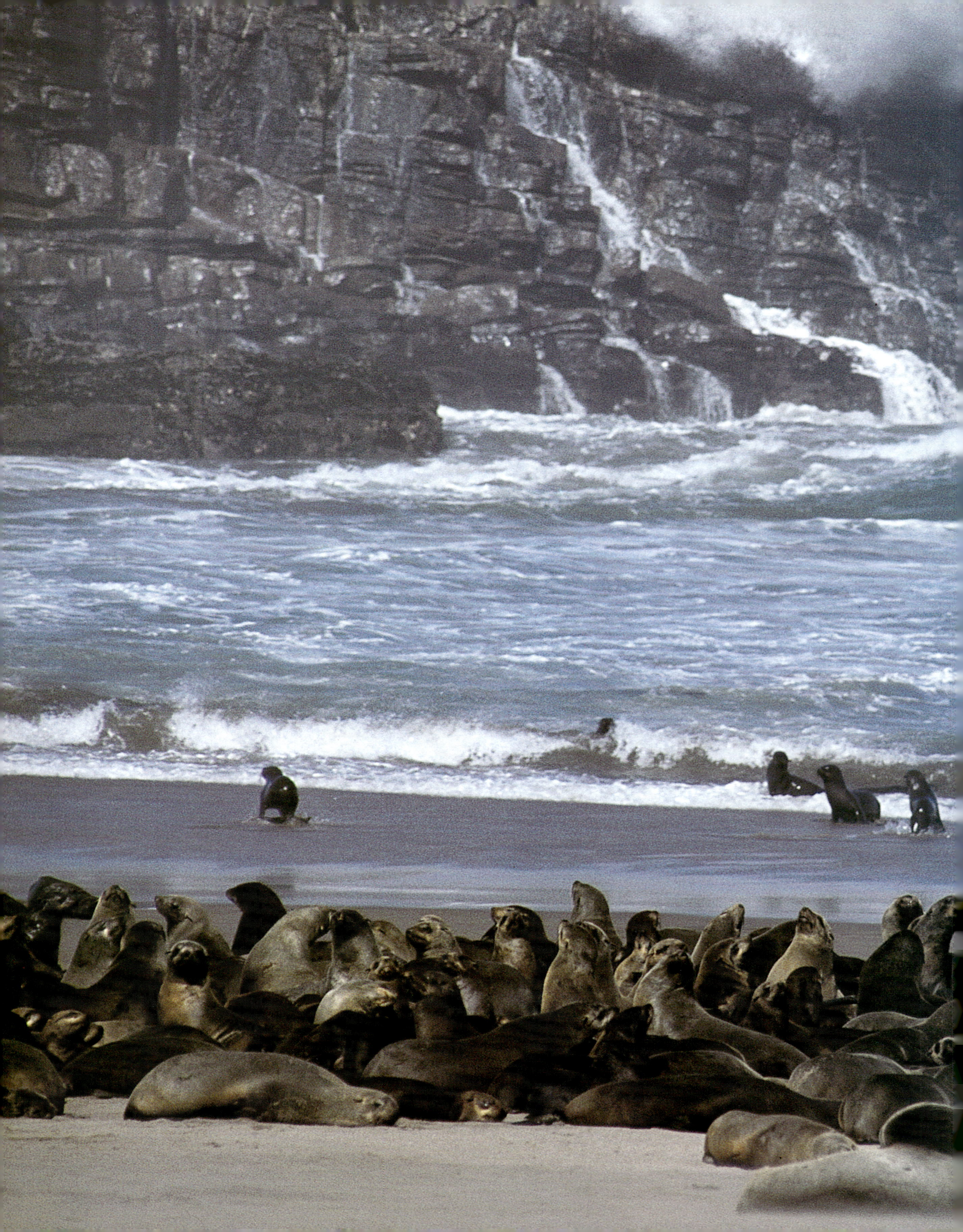

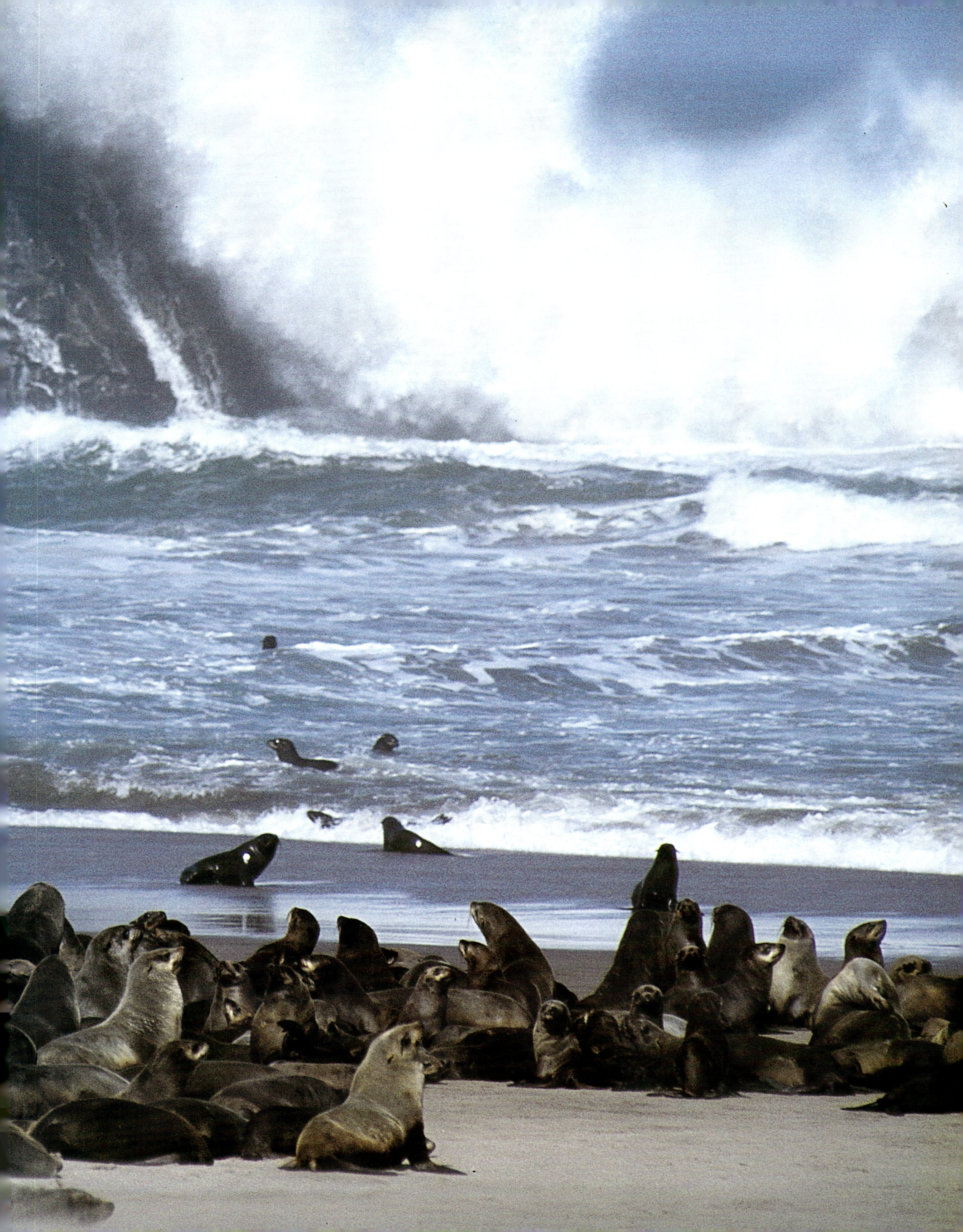

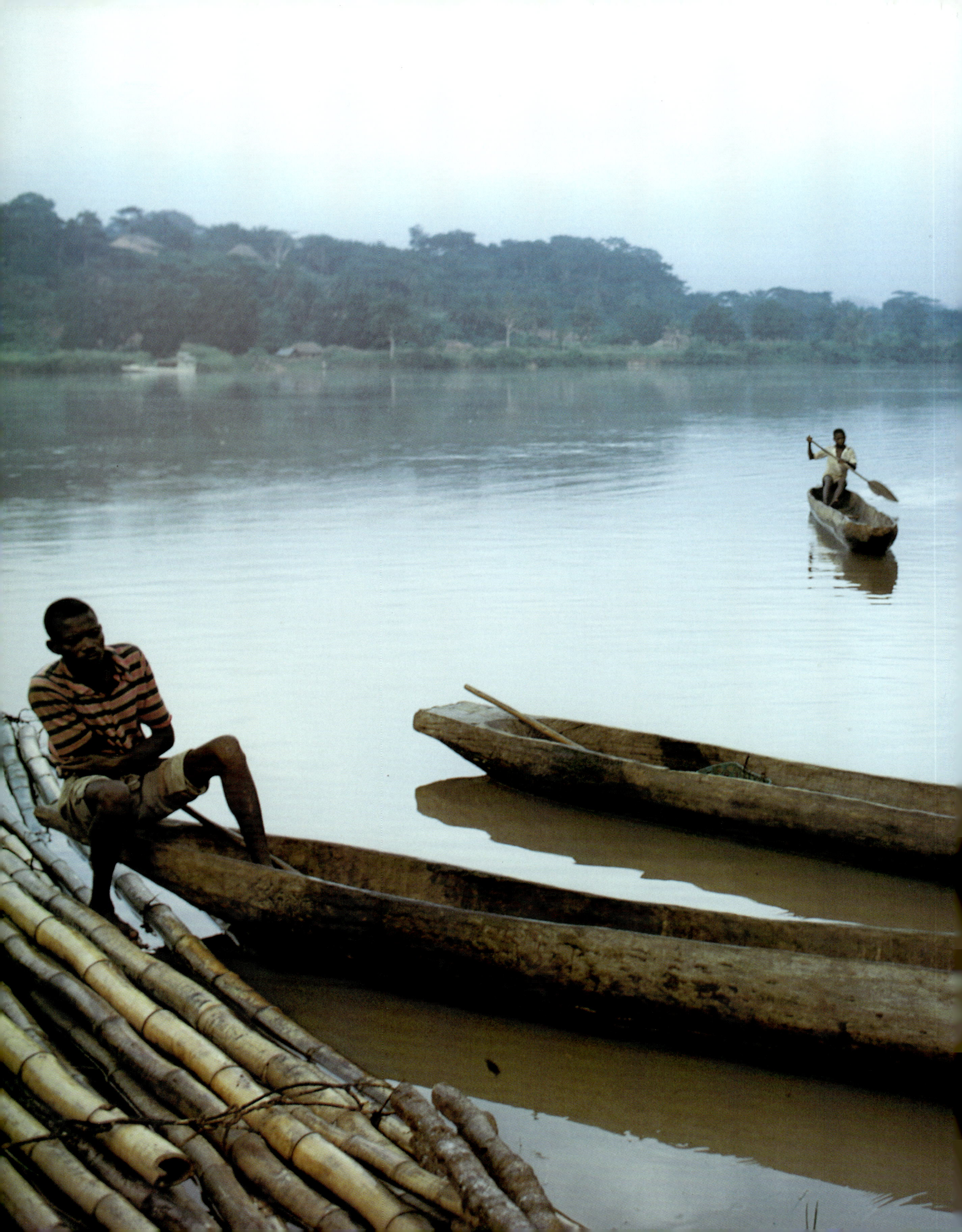

Afrika

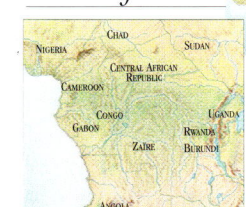

Regen-
wald

Es ist der Wald der gefilterten Morgendämmerung, der Wald der Nebel, der Wald des hochgewölbten, grünen Laubdachs. Es ist der Wald, wo das Leben üppig gedeiht, aber im gedämpften Licht des ewigen Dschungels unergründet und geheimnisvoll bleibt. Hier im riesigen Kongobecken wandelt sich der Kontinent von der unendlich weiten offenen Landschaft zum großräumigen tropischen Dschungel mit dichtem Laub und Farbenpracht und einer Fülle von Lebewesen, von der zartesten Blüte bis hin zu den großen Menschenaffen. Mitten in ihm windet sich der mächtige Kongo oder Zaïre, der einzige zuverlässige Fahrweg in den undurchdringlichen Regenwald. Über 5 000 Kilometer erstreckt sich das üppig grüne Band von den oben schneebedeckten Mondbergen im östlichen Teil der Sümpfe Guineas bis hin zum Küstenstrich mit den alten Namen Elfenbein-, Gold- und Sklavenküste in Westafrika.

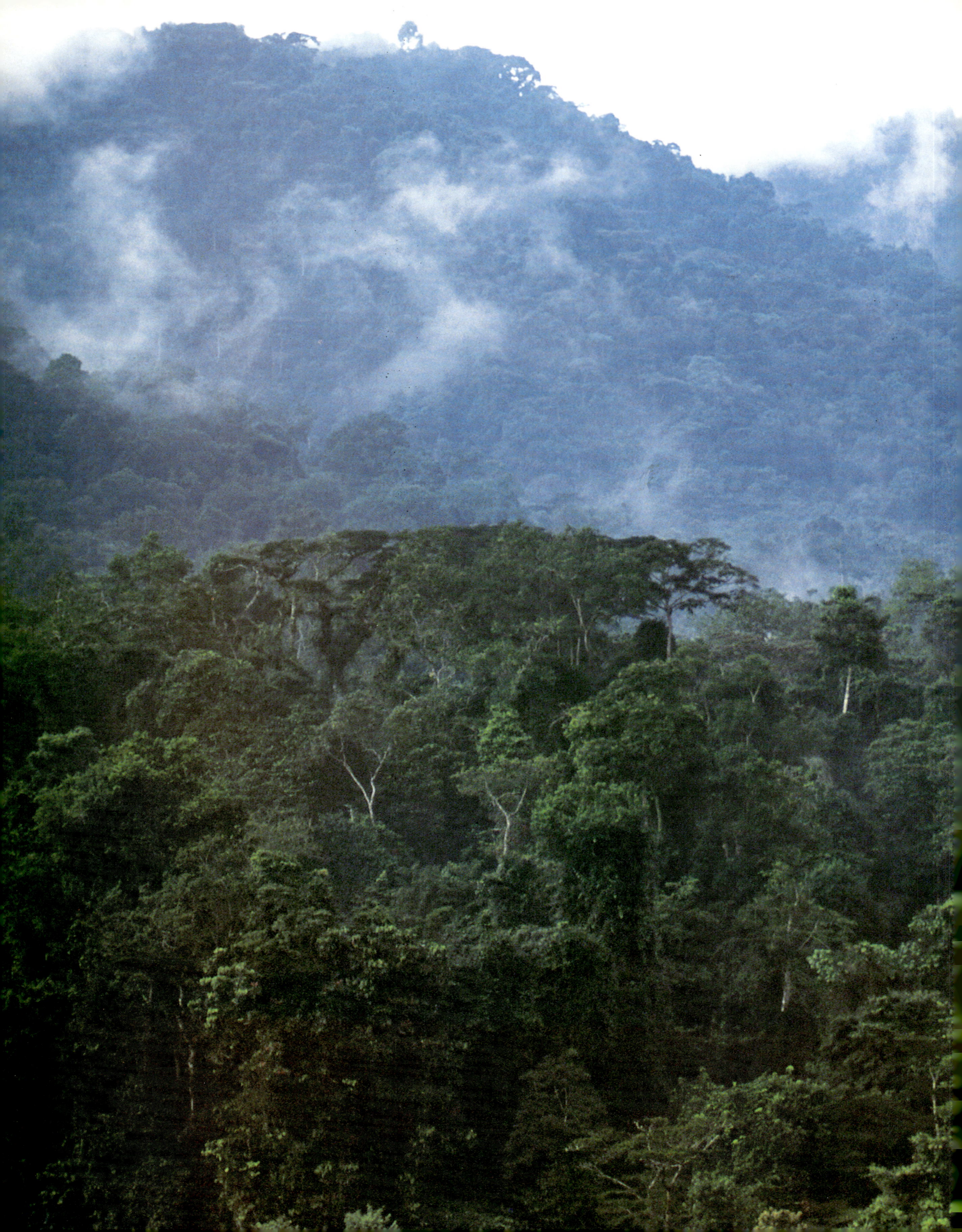

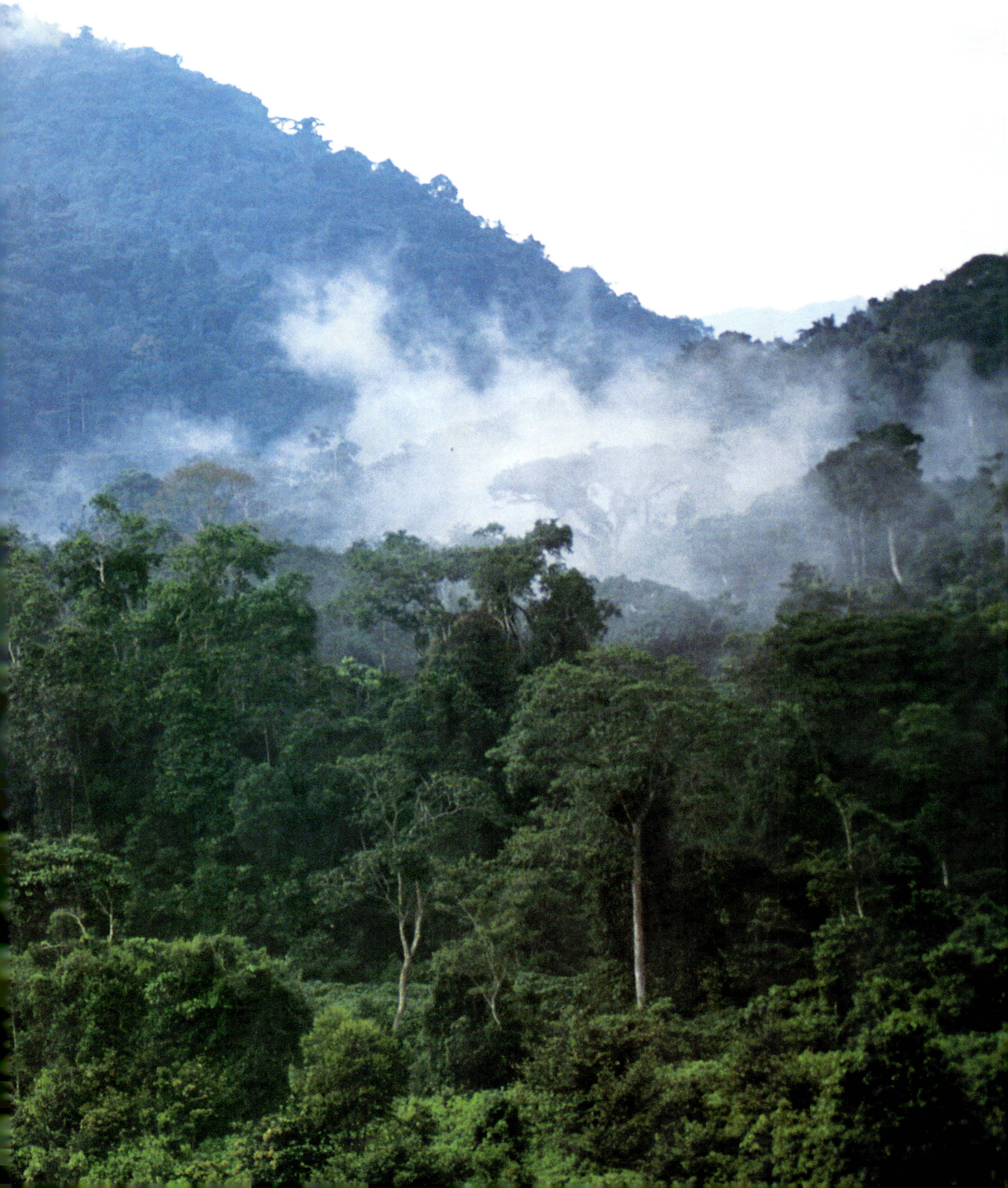

Regenwald

Im Herzen Afrikas

Alle vier großen Flüsse des Kontinents sind mit dem Regenwaldgebiet um den Äquator in Zentralafrika verbunden. Der Nil fließt aus dem Viktoriasee durch Uganda, der Sambesi entspringt im äußersten Süden der Mitumba-Bergkette, und der mächtige Kongo und Niger fließen abwärts in das Gebiet. Der Nil ist mit 6670 km der längste Fluß der Erde, das entspricht der Entfernung zwischen Amsterdam und New York. Im 19. Jahrhundert suchten Forschungsreisende wie David Livingstone nach der Quelle des großen Stroms, der im südlichen Zentralburundi als Luvironza seinen Anfang nimmt. Mit diesem Namen fließt er in den großen Viktoriasee und kommt als Viktoria-Nil wieder heraus; der Lauf geht weiter über den Kyogasee in den Albertsee oder „Lake Mobutu Sese Seko". Zwischen jenen königlichen Seen liegen die Murchisonfälle (Bild unten), eine der vielen markanten Stationen auf der ungewöhnlichen Reise dieses Flusses, die nordwärts bis an das Mittelmeer reicht.

An einer Stelle, an der der Nil nur sechs Meter breit ist, stürzt er sich in drei Kaskaden zu einem insgesamt 120 m tiefen Wasserfall hinab. Vom Nil wurde das „Nil"krokodil tatsächlich zum ersten Mal beschrieben, und zwar schon von den alten Griechen, die von einem „Wurm" sprachen, der sich am Flußufer zu sonnen pflegt – oder auf den Steinen der Murchisonfälle, wie im Bild rechts. Die Krokodile ernähren sich hauptsächlich von Fischen, nehmen aber bekanntlich auch größere Säugetiere und Menschen, wobei sie plötzlich aus dem Wasser hervorschießen, die Beute unter Wasser ziehen, um sie zu ertränken, und sie dann unter einem Felsabsatz vor hungrigen Nachbarn verstecken. Ähnlich wie Strauße, verschlingen die Krokodile gelegentlich Steine, die an der Verdauung mitwirken.

Vorige Doppelseite: *Nebel liegt über dem großen, üppig grünen Regenwald der Ruwenzoriberge Ugandas, die sich mit der Mitumba- und der Virungakette zu einem gezackten Rückgrat im Zentrum des Kontinents verbinden.*

Afrika
Bewahrte Wildnis

Regenwald

Afrika
Bewahrte Wildnis

Für die ersten Europäer, die Ostafrika bereisten, galten Uganda und die östliche Hochebene Zentralafrikas immer als das Juwel des Kontinents. Der Oberlauf des Nils gehört dazu – hier im dunstverhangenen Sonnenuntergang orangerot entflammt -, dann die Murchisonfälle (Bild links) sowie ein großer Teil des Viktoriasees und außerdem eine Fülle weiterer Seen und Flüsse zwischen den hohen Bergen dieses üppig grünen und wasserreichen Landstrichs. Die ganze Gegend wirkt wie eine tropische Ausgabe der Schweiz mit ihrem Reichtum an Wäldern und klarem Wasser und der Kulisse herrlicher Berge: Matong im Südsudan, Mount Elgon an der Grenze zu Kenia im Osten, die Virungavulkane im Süden – und vor allem die gewaltigen schneebedeckten Ruwenzori-Gipfel im Westen.

Die größten Bewohner des Nils, die Flußpferde *Hippopotamus amphibius*, sind im Gegensatz zu den Krokodilen Pflanzenfresser, die nur während der Nacht weiden. Am Tage halten sie sich lieber im Wasser auf (Bild links oben) und vermeiden dadurch, daß ihre dicke Haut einen Sonnenbrand bekommt. Oft ragen dann nur Augen und Ohren aus dem Wasser hervor.

Flußpferde und Krokodile leben friedlich miteinander, denn selbst ein hungriges Krokodil wäre nicht so „närrisch", sich an dieses 1 500 kg schwere, faßförmige, säbelzähnige, brüllende, grunzende Ungetüm heranzuwagen. Trotz ihrer Anpassung an das Leben im Wasser schwimmen Flußpferde nicht richtig – vielmehr laufen sie gewöhnlich mit ihren großen, teilweise mit Schwimmhäuten versehenen Füßen auf dem Flußgrund.

Regenwald

Afrika
Bewahrte Wildnis

Ein flüchtiger Eindruck

Wie ein ungeheurer Schwamm wirkt das Tiefland Zaïres – ein riesiges, tiefreichendes Drainagebecken aus Tausenden von Wasserläufen, die alle dem Kongo zufließen. Ständig wallt Nebel auf, während Regen und Sonne sich abwechseln, und nur stellenweise dringt das Licht durch das Laubdach und zeichnet ein wirres Muster aus Schattenflecken. Inmitten einer unglaublichen Fülle vielfältiger und einzigartiger Lebewesen lebt hier auch das Okapi *Okapi johnstoni* (Bild unten). Der Name entstammt der Sprache der Pygmäen, des Volkes kleinwüchsiger Jäger-Sammler, das hier tief im Wald lebt, und bezeichnet einen Esel. Das scheue, äußerst heimliche Tier mit zebra-artigen Streifen auf Hinterbeinen und Hinterteil erinnert aber eher an ein Pferd. Die Zoologen rechnen es zur Verwandtschaft der Giraffen, und tatsächlich besitzt es eine ähnlich lange Zunge, mit der es sogar über seine Augen wischen kann.

Die Baka-Pygmäen Kameruns (linkes Bild) haben längst unter der fortschreitenden Zerstörung des Lebensraums zu leiden, sie müssen in Dörfern wohnen und die Erniedrigung als Touristenattraktion in Kauf nehmen. Die Traditionen der Lebensweise und der sozialen Gliederung, die so eng mit den Besonderheiten des Waldes verbunden waren, sind im Sterben begriffen.

Ein anderes Mitglied der Regenwaldgemeinschaft, das Buschschwein *Potamochoerus porcus* (Bild links unten), ist weniger gefährdet und noch ziemlich gut verbreitet. Im Gegensatz zum Warzenschwein, das die offene Landschaft bevorzugt, bleibt das Buschschwein im dichten Wald und geht nachts auf Nahrungssuche, weshalb man es selten zu Gesicht bekommt.

Regenwald

Gorillas mitten im Krieg

Ewiges Dämmerlicht, ein undurchschaubares Gewirr von Bäumen, Blättern, Lianen, Muster aus Schatten und Licht, triefende Nässe, Regen, der auf das Laubdach trommelt – in dieser Atmosphäre des Regenwaldes gedeiht eine Schatzkammer der Natur mit farbenprächtigen Vögeln, Faltern, Millionen Insekten, Fröschen, Echsen und Säugetieren. In einem tropischen Regenwald läßt sich die unglaubliche Vielfalt des Lebens am besten erfassen: Am Äquator wachsen beispielsweise einhundert verschiedene Arten von Bäumen auf einem Morgen (ca. 4000 m²). Weniger als fünf Prozent des Sonnenlichts erreichen den Boden, wo riesige Farngewächse in der feuchten Luft wuchern. Zahllose Lianen winden sich aufwärts, um wenigstens teilweise mehr Licht zu bekommen.

In diesem artenreichen Lebensraum leben die scheuen Berggorillas. Sie sind Pflanzenfresser und haben nichts mit dem „King Kong" aus Hollywoods Traumfabrik gemein. Sie leben von Bambusschößlingen, Blättern, Feigen, den verschiedensten weiteren Früchten und Farnblättern. Trotzdem ist es wahrscheinlich, daß der Berggorilla um die Jahrtausendwende ausstirbt – Ergebnis der Einwirkung des Menschen, sprich: Kriege, Wilddieberei, Ausbeutung der Bodenschätze, ständige Erweiterung des Ackerlandes.

Männliche Gorillas (Bild unten) können bis zu 250 kg wiegen und aufrecht fast zwei Meter hoch werden. Sie werden rund 50 Jahre alt. Die ältesten Männchen bekommen auf ihrem Rückensattel weiße Haare, die silbrig schimmern – sie werden deshalb „Silberrückenmännchen" genannt. Drei verschiedene Gorillabestände kommen noch in Zentralafrika vor: die östlichen Flachlandgorillas in Zaïre, die westlichen Flachlandgorillas in Kamerun, Gabun und Westzaïre sowie die wenigen Berggorillas, die durch die amerikanische Forscherin Dian Fossey berühmt wurden, in den Nebelwäldern der Bergkette Äquatorialafrikas, durch die Ruanda, Uganda, Burundi und Zaïre getrennt werden.

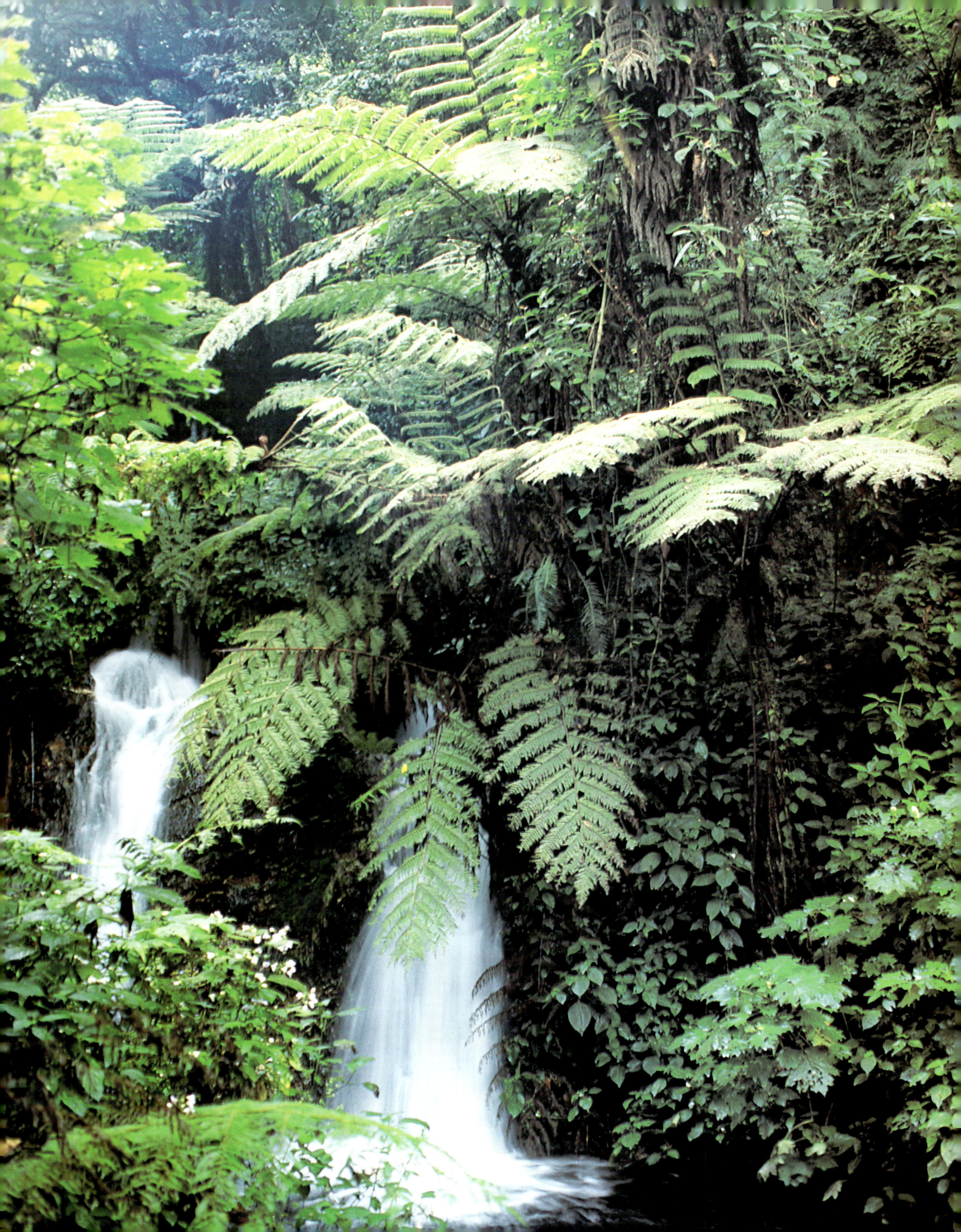

Regenwald

Afrika
Bewahrte Wildnis

Frauen im Wald

Die Berggorillas *Gorilla gorilla beringei* wurden von der Wissenschaft nach dem Eisenbahningenieur Oscar Beringe benannt, der 1902 während einer Jagd in den Virungabergen einen zu Gesicht bekam. Rund 50 Jahre danach erst veröffentlichte der Biologe George Schaller eine bahnbrechende Arbeit über ihr Verhalten. Sechs Jahre später, 1967, traf die exzentrische Beschäftigungstherapeutin Dian Fossey ein, um (unterstützt von dem kenianischen Forscher Louis Leakey) mit den Gorillas im Wald zu leben. Sie blieb 18 Jahre – ein Forscherinnenleben, das in dem Film *Gorillas im Nebel* dargestellt wird. Die öffentliche Aufmerksamkeit, die Dian Fossey erreichte, hat ohne Frage zum Überleben der Art beigetragen, doch ist der Bürgerkrieg in der Umgebung eine andauernde schreckliche Gefahr für die großen Affen.

Dian Fossey starb durch Gewalt, sie wurde in ihrer einsamen Hütte ermordet. Doch führt eine andere mutige Frau, Diane Doran, die Forschungen fort. Im Gombe-Nationalpark, an den Ufern des Tanganjikasees, lebt seit über 30 Jahren eine andere Forscherin: Jane Goodall, unter Schimpansen (Bild unten), um ähnliche Arbeit zu leisten wie Dian Fossey: Erforschung des Verhaltens unter den Tieren im Freiland einerseits, engagierter Einsatz für den Schutz andererseits.

Regenwald

Die Ruwenzoriberge, für jeden Naturfreund eine wolkenreiche Traumwelt: triefende Wälder und schneereiche Bergmatten, seltsam große Pflanzen, Gletscher, unerwartete hübsche Seen, Nebel, Sümpfe und viel Regen. Höchster Punkt ist der Mount Stanley (oben), der sich über den beiden größeren Kitandra-Seen erhebt. Abgesehen von den felsigen, schneereichen Gipfeln ist die Bergkette von einer üppigen Pflanzenwelt bedeckt, und nach unten zu ist der Übergang in den Regenwald fließend, der von Berggorillas (rechts) bewohnt wird.

Gorillas sind hauptsächlich Bewohner der Flachlandwälder, nur eine kleine, gut dokumentierte Zahl lebt in den Bergen von Ruanda, Uganda und Zaïre. Man fürchtet zwar die Tiere, bejagt sie aber immer noch, sowohl zum Fleischverzehr als auch wegen der Körperteile, die zu „Muti" (magischer „Medizin") verarbeitet werden. Ihre Hände werden zu Aschenbechern gemacht, ihre Schädel als Wandschmuck gebraucht, und noch immer werden kleine Gorillas in Zoos in aller Welt transportiert oder irgendwo in Afrika als Haustier gehalten.

Es ist schon seltsam, daß ein so starkes Tier völlig der Willkür des Menschen ausgeliefert wird, während man so hübsche Waldpflanzen wie die Clivie (unten) in der üppigen Umgebung der Gelbholzwälder an den Hängen des Ruwenzori ohne weiteres gedeihen läßt.

Afrika
Bewahrte Wildnis

133

Regenwald

Am Ursprung unserer Art

Wir sprechen manchmal vom „dunklen Erdteil". Wir halten Afrikas Dschungel für undurchdringlich, geheimnisvoll und bedrohlich. Dort genau aber liegt unser Ursprung, denn aus den Wäldern Afrikas kamen unsere Primatenvorfahren, um in der offenen Ebene zu jagen, aufrecht zu gehen und Werkzeuge herzustellen.

Gorilla und Mensch haben einen gemeinsamen Vorfahren, der vor 13 Millionen Jahren lebte. Einer der neuesten Belege stammt aus den Otavibergen in Namibia, wo es heute trocken ist, vor 13 Millionen Jahren aber feucht und bewaldet war. Der dort entdeckte Kieferknochen spricht dafür, daß die afrikanischen Hominiden nicht nur im Rift Valley ihren Ursprung hatten, sondern auf dem ganzen Kontinent verbreitet waren.

Die Ordnung der Primaten wird in fünf Hauptgruppen eingeteilt: Halbaffen, Neuweltaffen, Altweltaffen, Menschenaffen und Menschen. Die Menschen sind die einzigen echt bipedalen Primaten, sie gehen aufrecht. Ihre Hintergliedmaßen (Beine) sind kräftiger als die Vordergliedmaßen (Arme). Dies und die Muskeln an Schenkeln und Hinterteil ermöglichen erst die besondere Form der Fortbewegung. Der menschliche Daumen ist ebenfalls eine Besonderheit unter den Primaten, er kann so gedreht werden, daß er jeden Finger berühren kann (Greifhand). Das menschliche Gehirn ist zwei- bis dreimal größer als bei jedem anderen Primaten und sehr viel verwickelter, so daß ein hoher Grad an Vernunft und Sprachfähigkeit möglich ist.

Beobachtet man Gorillas, wie das Jungtier im Bild unten, oder Schimpansen *Pan troglodytes* (rechts) beim Stillen der Kleinen, wenn sie einen „klug" ansehen, oder beim Familienleben – so kann man die Verwandtschaft ohne weiteres nachvollziehen. Die Entwicklung über Jahrmillionen hinweg kann uns nur zur bescheidenen Einsicht bringen, daß wir Teil der Natur sind, nicht ihre Herren.

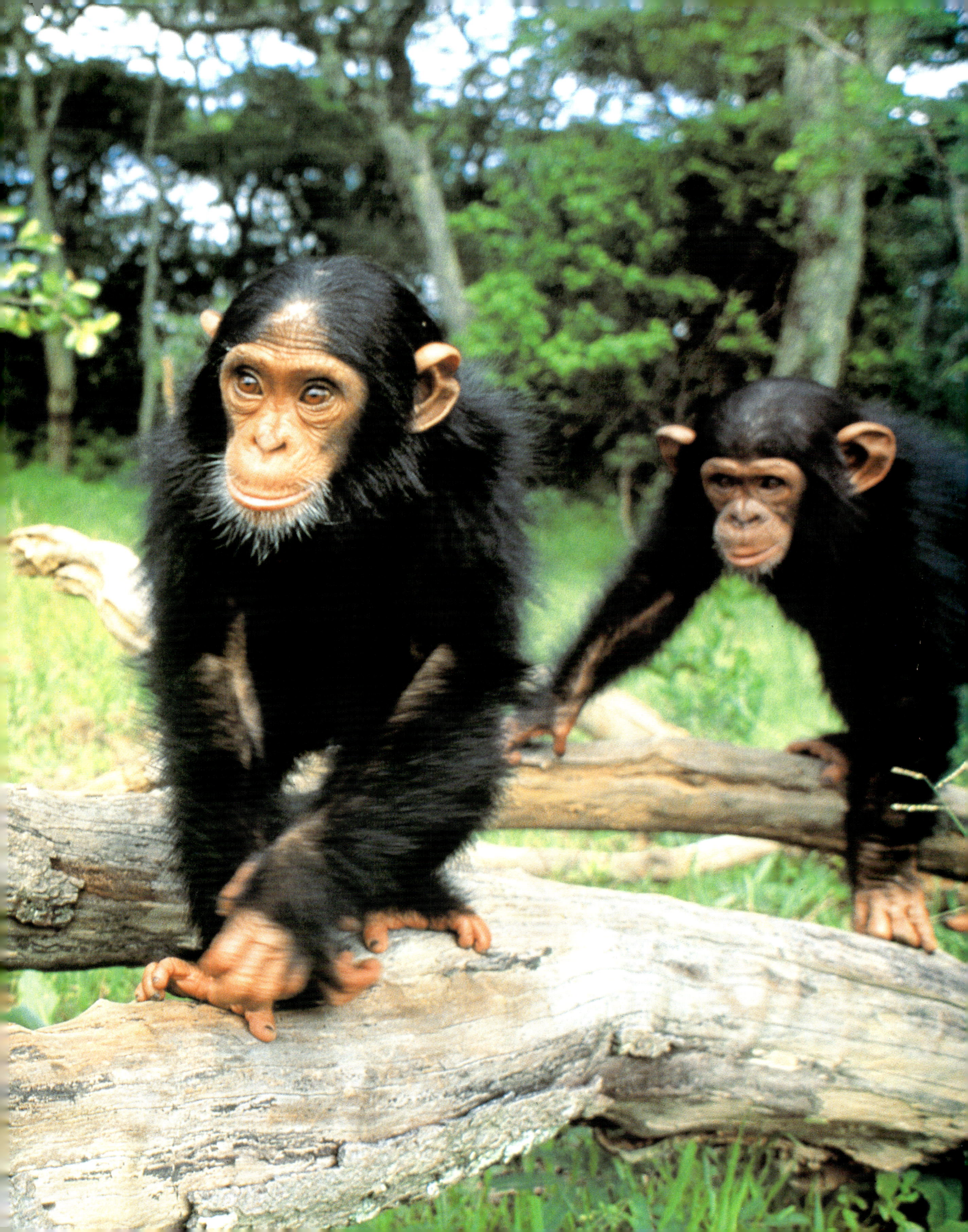

Regenwald

Als solche unerschrockenen viktorianischen Entdecker wie John Speke, H.M. Stanley und Richard Burton sich wie nach dem Heiligen Gral auf die Suche nach der Quelle des Nils machten, konnten sie mit ihren Forschungen etwas Licht in das unbekannte Innere des dunklen Erdteils bringen. Zu den Entdeckungen Stanleys gehörten die hübsch bewaldeten Berge, die von den heimischen Bakonjo „Ruwenzori" genannt wurden – „wo der Regen geboren wird". Die schneebedeckten Berge waren schon den alten Griechen seit 450 v. Chr. bekannt, und die frühe Karte Afrikas von dem griechischen Geographen-Astronomen Ptolemäus (etwa 150 n. Chr.) zeigt deutlich zwei Seen nahe dem Äquator im Zusammenhang mit einer Bergkette, die er „Lunae Montes" nannte, Mondgebirge.

In den Wäldern am Fuße dieser gewaltigen Berge lebt der Waldbüffel *Syncerus caffer nanus* (Bild links oben), eine kleinere und rötlichere Ausgabe des Büffels der Ebene. An den Westhängen der Mitumbaberge in Zaïre kommt ein Affe mit elisabethanischer Halskrause und ausgelassenem Verhalten vor, die Vollbart-Meerkatze *Cercopithecus l'hoesti* (links unten). Die eher unbekannten Naturschätze lassen sich aber erst weiter oben, in der afro-alpinen Vegetationszone zwischen 2 500 und 4 500 m zwischen Steilhängen, Klippen, Sümpfen und Seen entdecken. Hier bietet sich eines der urtümlichsten Schauspiele des Waldlebensraums: Baumfarne, Hänge mit gigantischen goldgelben Stauden, hohe, sperrige Lobelien, baumartige Rhododendren, Moose, Krustenflechten, Bergformen von Gelbholz, Bodenorchideen, von den Bäumen hängende Bartflechten – oft Pflanzen, die an anderen Küstenstrichen als kleiner, „hübscher" Wald vorkommen, aber hier in Nebel, Regen und starkem Sonnenlicht ein Vielfaches an Höhe erreichen.

Afrika
Bewahrte Wildnis

Regenwald

Am trägen Fluß

Die reichen Niederschläge am Äquatorgürtel, durch die vor allem das üppige Laubwerk hervorgebracht wird, sammeln sich schließlich zu einem Netz kleinerer Flüsse – einer von ihnen der Ubangi (oben) –, die alle dem Kongo zufließen, der wiederum im Westen in den Atlantik mündet. Das gesamte Einzugsgebiet des Flusses ist eine bewaldete Fläche von der Größe Europas, und auf seiner langen Reise transportiert er eine Wassermenge, die nur vom Amazonas übertroffen wird.

Verbreitete Bewohner des hohen Laubdachs an den Flüssen (der „Galeriewälder") sind die verschiedensten lebhaften Affen, z.B. Dunkle Weißnasenmeerkatzen *Cercopithecus nictitans* (Bild rechts oben). Näher am Wasser selbst leben die zahllosen Amphibien, die in der feuchten Umgebung gut gedeihen. Der Goliathfrosch *Conraua goliath* (rechts unten) wird in Kamerun im westlichen Zentralafrika teilweise noch für die menschliche Ernährung erbeutet. Manchmal verhalten sich diese wirklich großen Frösche – größer als eine Menschenhand – kannibalistisch.

Afrika
Bewahrte Wildnis

Regenwald

Afrika
Bewahrte Wildnis

Lebensquelle Wald

Nirgendwo wird Afrikas Vitalität so deutlich wie im Regenwald. Überall ist üppiges Wachstum anzutreffen, Tausende von Pflanzen, Bäumen, Insekten und anderen Tieren. Alles ist undurchdringlich und geheimnisvoll, eine ganz andere Welt als die Weite der Grassteppe oder die nüchterne Wüste, aber bei aller Vielfalt eine ausgewogene Harmonie – ein „ökologisches Gleichgewicht". In dem schattigen, feuchten Unterwuchs des Waldes leben einige der seltsamsten Kreaturen der Erde. Es gibt Würgefeigen, die im Laubdach keimen und Luftwurzeln nach unten schicken, Blüten, die auf Baumstämmen wachsen und von Fledermäusen bestäubt werden, gleitende Echsen, fliegende Frösche, bizarre Orchideen und auf dem Boden Bakterien und andere Kleinorganismen, die zunehmend von der medizinischen Forschung ausgewertet werden. Allerdings wird der Regenwald mit alarmierender Geschwindigkeit vom Menschen und seinem Bedarf an Nahrung und Raum bedrängt. Der Mensch schafft es, stündlich eine Art zu vernichten. Im Jahre 2000 werden wahrscheinlich 20 Prozent der zehn Millionen Arten auf dem Planeten Erde (Pflanzen, Insekten, andere Tiere) ausgelöscht sein. Für die Menschen, die in ihrem Überlebenskampf nur die Möglichkeit sehen, am Rand der Wälder zu roden, abzuflämmen und anzubauen, müssen wir eine alternative Unterstützung finden. Sollten wir das fertigbringen, sollten wir es wirklich lernen, unsere ursprüngliche Waldheimat wirkungsvoll zu bewahren, würde dieser Teil Afrikas als Quell für neue Gesundheit und Hoffnung zur Verfügung stehen – nicht nur für die Bewohner am Waldrand (oben) und Gorillas (links), sondern für all die verschiedenen Lebewesen im Wald – und diejenigen, die deren wahren Wert zu schätzen wissen.

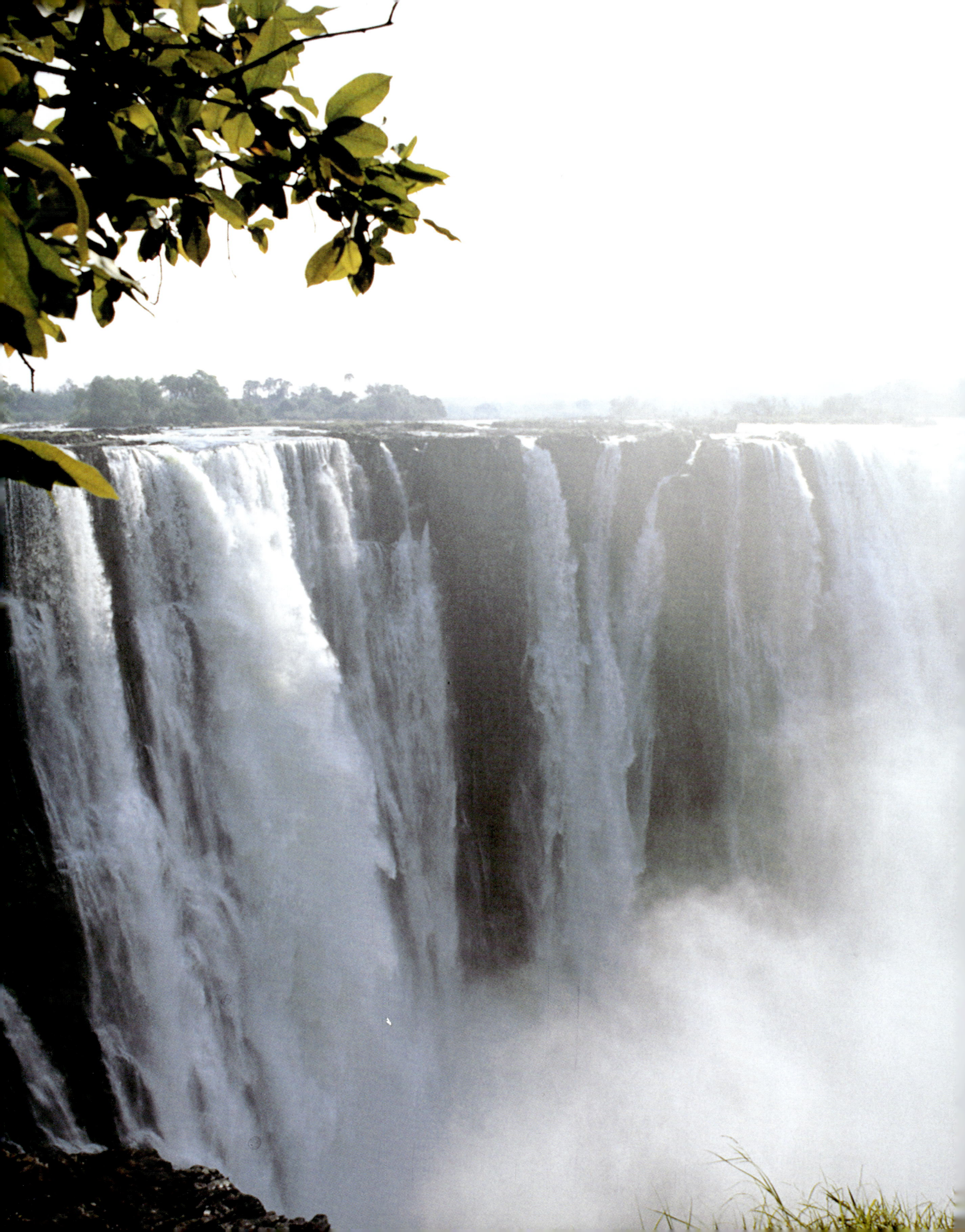

Afrika

Flüsse

Vor Millionen von Jahren wurde ein Kontinent durch tektonische Umwälzungen tief im Inneren der Erde verändert und bewegt. Lava kochte hoch, Berge wurden geboren, und Flüsse wurden zu neuem Lauf gezwungen. Im Norden des heutigen Botswana bildete sich ein riesiger See, der von den Flüssen Kavango, Chobe, Cuando, Linyante und Sambesi gespeist wurde. Dann bewegte sich die Erde erneut, und die Seen wurden eingeschränkt, die Wasserläufe mußten sich trennen und aufteilen. Der Sambesi aber, Afrikas mächtigster Fluß, behauptete sich. Über weite, ruhige Strecken im Oberlauf wirkt er eher schläfrig. Plötzlich jedoch gewinnt er an Triebkraft, schleudert sich wild und frei über den schwarzen Basalt in die Tiefe, zu einem meilenweit hörbaren Aufruhr aus schäumendem Wasser, Sprühregen und Nebel. Die „Fälle der Königin Viktoria" nannte David Livingstone diesen gigantischen Wasserfall. Mosi oa Tunya - der „Rauch, der donnert", sagten die Anwohner.

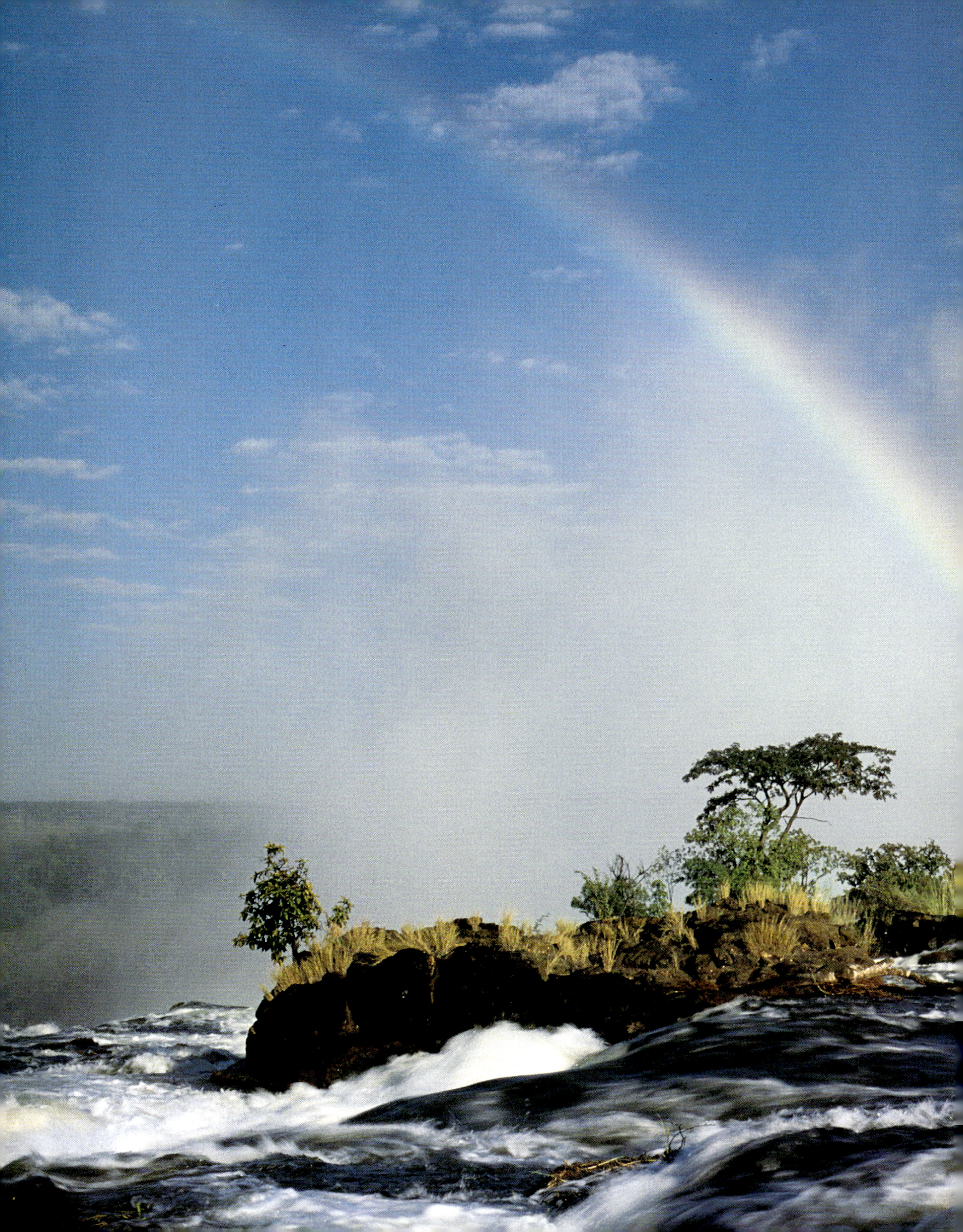

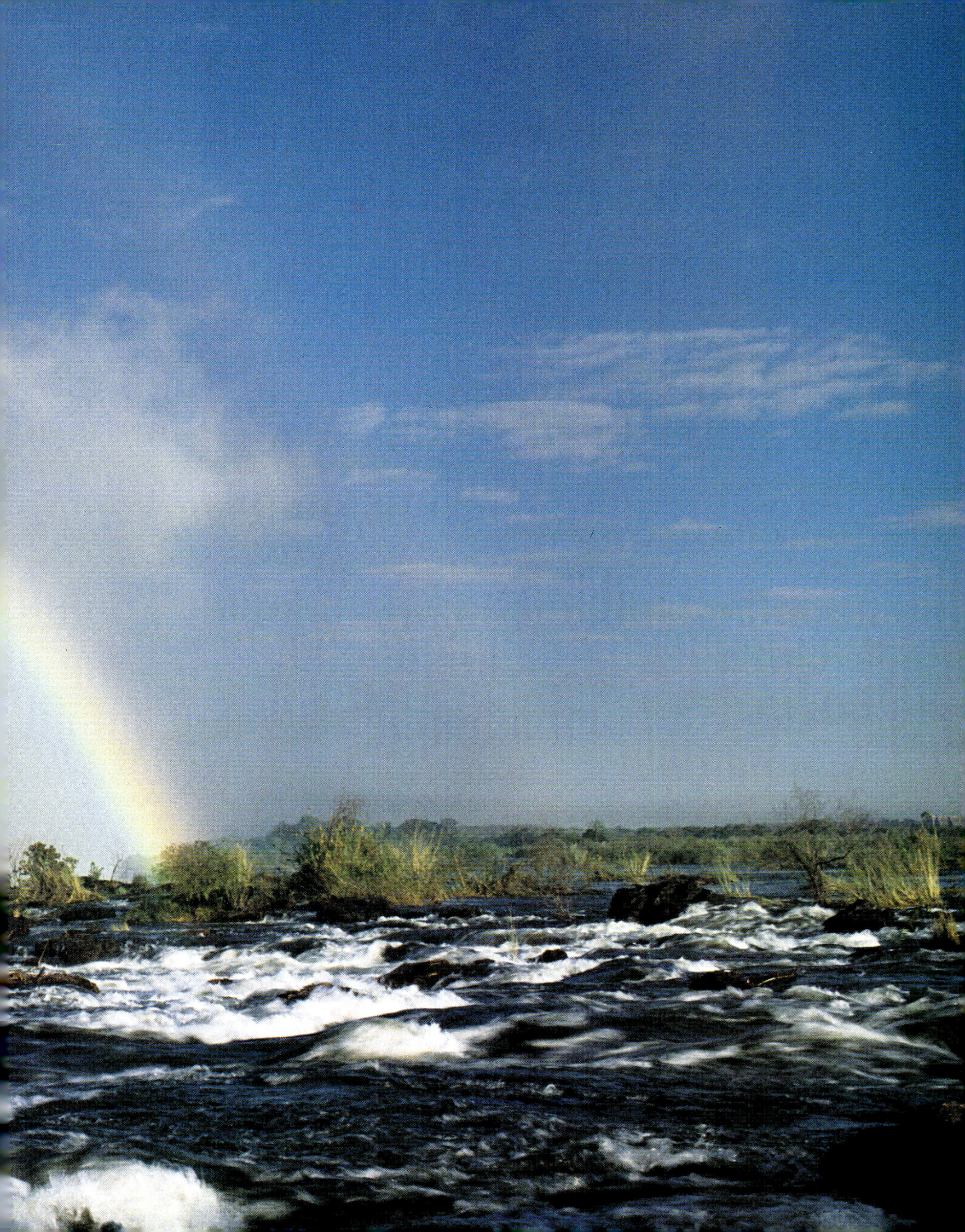

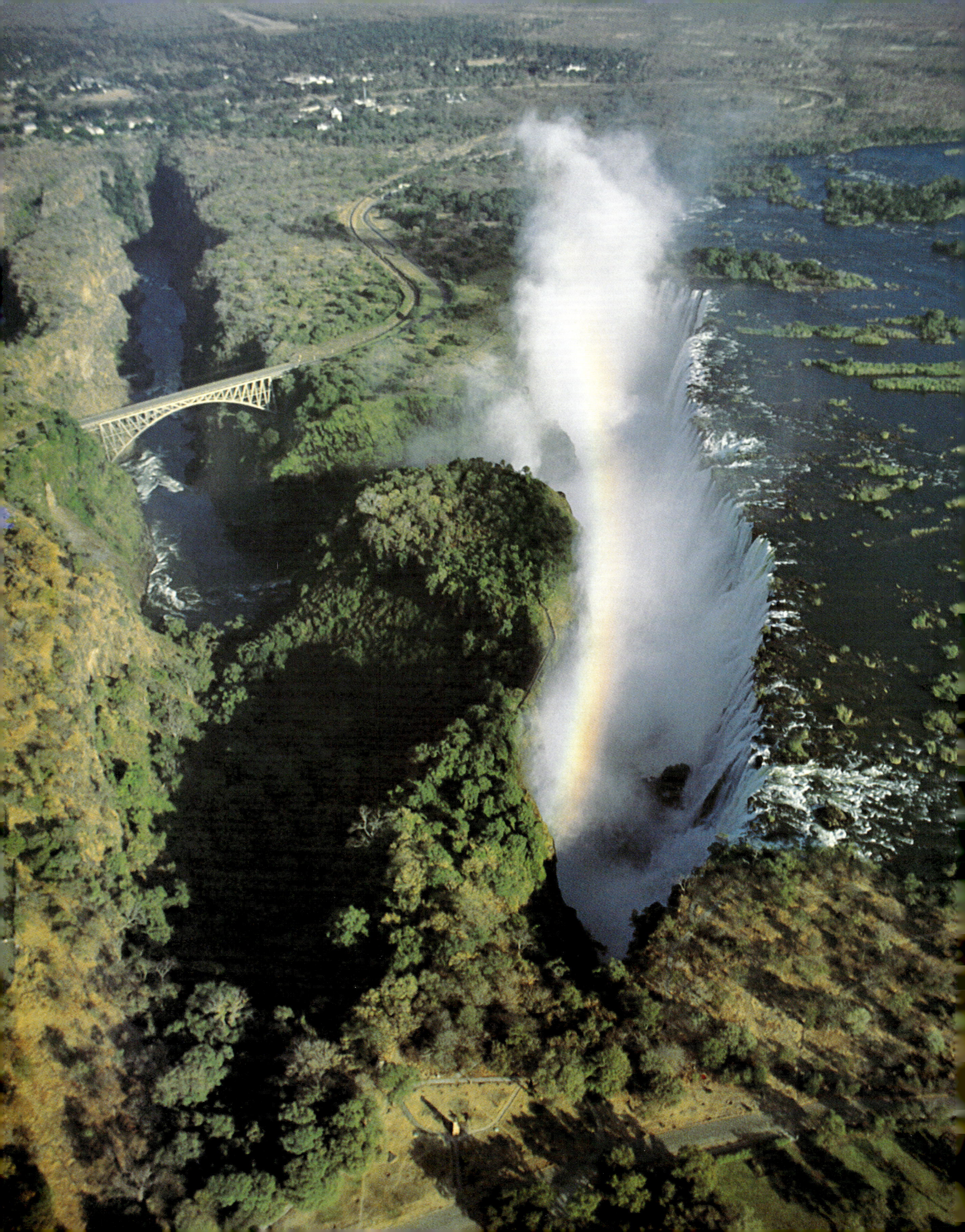

Afrika
Bewahrte Wildnis

Fluß unter dem Regenbogen

Am 15. November 1855 stakten einige Männer aus dem Volk der Kololo ihr schmales Baumkanu den Sambesi abwärts zur Westseite einer flachen, palmenbestandenen Insel mitten im Fluß am Rande des Viktoria-Wasserfalls. In dem Kanu befand sich der schottische Missionar David Livingstone. Er verbrachte die Nacht auf der Insel – links und rechts neben ihm donnerte das Wasser hinab, das Sprühwasser zauberte klassische Regenbögen in die Luft. Am nächsten Morgen ging er an den äußersten Rand und legte sich in ganzer Länge auf den Boden, um voller Furcht auf das wundervolle Werk seines Gottes hinunterzuspähen. „Niemand aber kann sich die Schönheit dieses Anblicks vorstellen, zu dem es in England nichts Vergleichbares gibt", schrieb er, „derart wundervolle Kulissen müssen für den Anblick der Engel bei ihrem Flug geschaffen worden sein". Dann band er – ganz Wissenschaftler – einige Kugeln seiner Elefantenbüchse an eine Leine und senkte sie über den Rand hinunter, um die Höhe der Fälle zu messen.

Es scheint, als wolle die Natur selber diese gewaltige Schöpfung schmücken (linkes Bild). Der licht-schatten-reiche Regenwald über die Kluft hinweg 60 Meter jenseits der Stelle, an der Livingstone gelegen hat, zählt heute als UNESCO-Welterbe – eine zauberhafte Landschaft mit Farnen, Lianen, Meerkatzen, Buschböcken, farbenprächtigen Vögeln, Faltern und Blumen. Das Gesamtbild wirkt wie eine freudevolle Hymne an die Energie des Wassers; der Wald bleibt immer grün, von dem Sprühregen des hochspritzenden Wassers ständig aufgefrischt.

Vorige Doppelseite: *Fluß unter dem Regenbogen: Blick auf die sambische Seite der Viktoriafälle – der Sambesi strömt mit hoher Geschwindigkeit auf den Abgrund zu.*

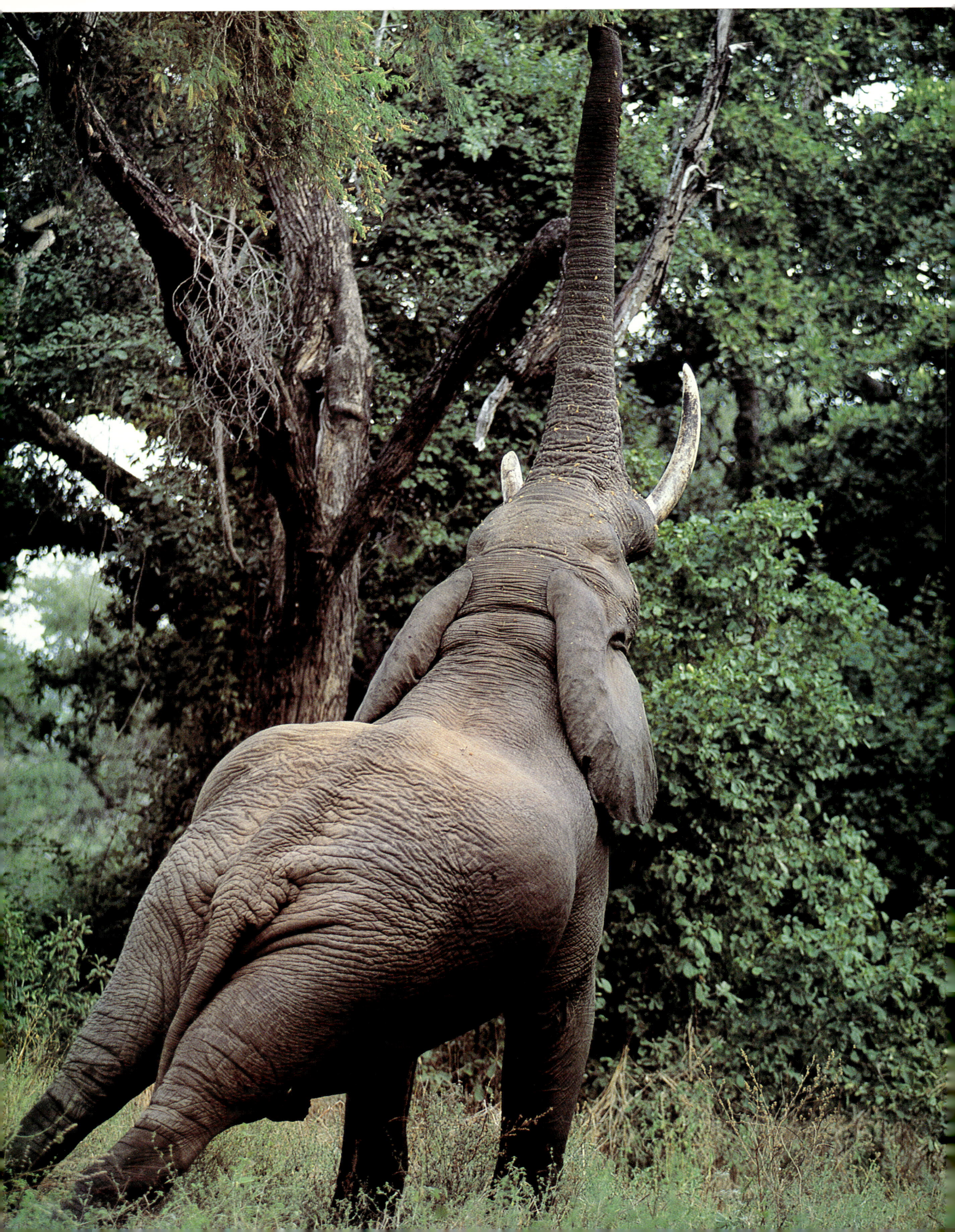

Afrika
Bewahrte Wildnis

Riese auf Zehenspitzen

Simbabwe hat noch die größten Elefantenbestände Afrikas: rund 22 000 leben in Hwange, 10 000 in Mana Pools am Sambesi. Normalerweise streifen sie durch das Veld oder halten sich an einem der Wasserlöcher auf (unten). Der Afrikanische Elefant *Loxodonta africana* kann bis zu 40 Stundenkilometer schnell laufen, wobei er mit seinen stämmigen, gepolsterten Beinen kaum Geräusche verursacht. Die Mütter erheben ihren Rüssel und geben laut Alarm, wenn sie ihre Jungen bedroht glauben. Auf den Überschwemmungsflächen des Mana-Pools-Nationalparks sind es die großen Dornbäume *Acacia albida*, die das Leben der Elefanten in diesem bewaldeten Streifen am Sambesi gewährleisten. Die Hülsen und Blätter der aufragenden Pflanzen, deren Laubdach gegen den Himmel ein silbernes Flechtwerk bildet, sind die wichtigste Nahrungsquelle der Elefanten in der Trockenzeit des Südwinters. Im Gegensatz zu den meisten anderen Bäumen dieser Gegend haben die Akazien einen ausgeprägten Jahresrhythmus: Während der Regenzeit fallen die Blätter ab, in der Trockenzeit entfalten sich die neuen. Im August und September trägt jeder Baum rund 400 kg Hülsen, die von den Elefanten mit Vorliebe verzehrt werden; notfalls stellen sie sich auf die Hinterbeine, auf diese Art können sie mit ihrem Rüssel in bis zu 8 Metern Höhe hinaufreichen.

Flüsse

Fluß ohne Ende

Der Kafue-Fluß, der sich hier durch die Ebene windet (unten), fließt in den Sambesi und ist ein typisches Beispiel für das ganze Flußsystem: seichte, träge Windungen, umrahmt von Ried und Sandinseln und Galeriewäldern, besiedelt von lauernden Krokodilen, schnaufenden Flußpferden, zahllosen Watvögeln und mit taubehangenen Spinnweben in der Morgendämmerung. Der „große Fluß", der Sambesi, entspringt in Sambia und fließt an der Grenze zu Simbabwe entlang. Er ist 2 740 km lang und führt so viel Wasser wie alle anderen Flüsse Südafrikas zusammen.

Der berühmte portugiesische Entdecker Vasco da Gama hat am 22. Januar 1498 als erster Europäer die Mündung des Flusses in den Indischen Ozean gesehen. Er nannte ihn den „Fluß des guten Omens" (Rio dos Bons Signaes), doch hat die Geschichte sich nie mit der Gefühlen befaßt – auch nicht bei den portugiesischen Händlern, die sich massiv bemühten, den Handel der Suaheli mit Gold, Elfenbein und Sklaven zu übernehmen, oder bei David Livingstone, der 400 Jahre später die ganze Länge des Flusses zu Fuß erkundete. Seine Frau Mary, die im fernen Kuruman am Rand der Kalahari geboren wurde, liegt in einem vergessenen Grab nicht weit von dem Delta entfernt begraben, im kaum zugänglichen Sumpf des Küstendschungels, wo die Luft von Wind und Salz geprägt ist.

Das 50 km breite Tal des Sambesi bietet sich als heiße, schroffe Wildnis dar. Auf der sambischen Seite wird der Fluß von einem pyramidenhaften Gebirgszug begleitet, der einen dunstig-blauen Hintergrund bildet, auf der anderen Seite, in Simbabwe, erstreckt sich eine mit Affenbrot- und Mopanebäumen bewachsene Hangstufe. In der alluvialen Überschwemmungsebene der Mana Pools kann der Fluß selber fünf Kilometer breit sein. In der Trockenzeit ist diese Landschaft ein Anziehungspunkt für unzählige Impalas, Büffel, Löwen, fast 400 Vogelarten – und Elefanten (rechts), die an dem Fluß zwischen den beiden Ländern umherstreifen.

Afrika
Bewahrte Wildnis

Flüsse

Silberner See

Der Karibasee entstand durch einen der drei großen Staudämme Afrikas – der Assuan- am Nil und der Cabora-Bassa-Staudamm in Mosambik sind die beiden anderen. Sie alle haben neue Lebensräume für die Pflanzenwelt geschaffen und die Zusammensetzung der Tierwelt stark verändert. Am Karibasee haben die neu entstandenen grünen Flächen aus Torpedogras, die durch die gezeitenähnlichen Wasserstandsschwankungen gefördert werden, die Bestände der Elefanten (unten) und der Büffel (rechtes Bild) stark anwachsen lassen. Die Veränderungen sind in Matusadona besonders deutlich – was „Ort des ständig tröpfelnden Dungs" bedeutet. Inseln, dunstig blaue Berge im Hintergrund, zahllose Skelette ertrunkener Bäume prägen das Bild einer Landschaft, in der der Schreiseeadler *Haliaeetus vocifer* (Bild oben) nach Katzenfischen fischt.

Afrika
Bewahrte Wildnis

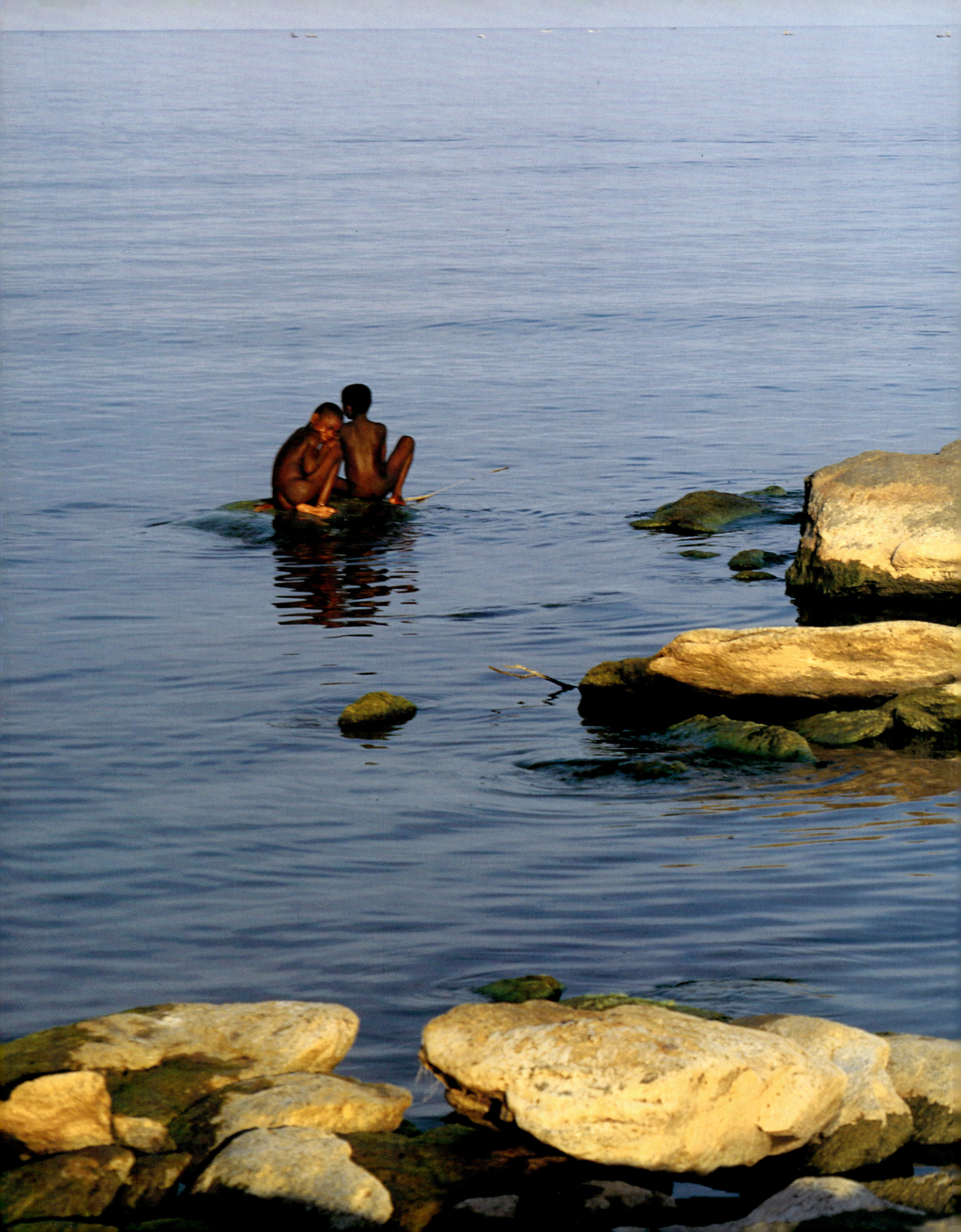

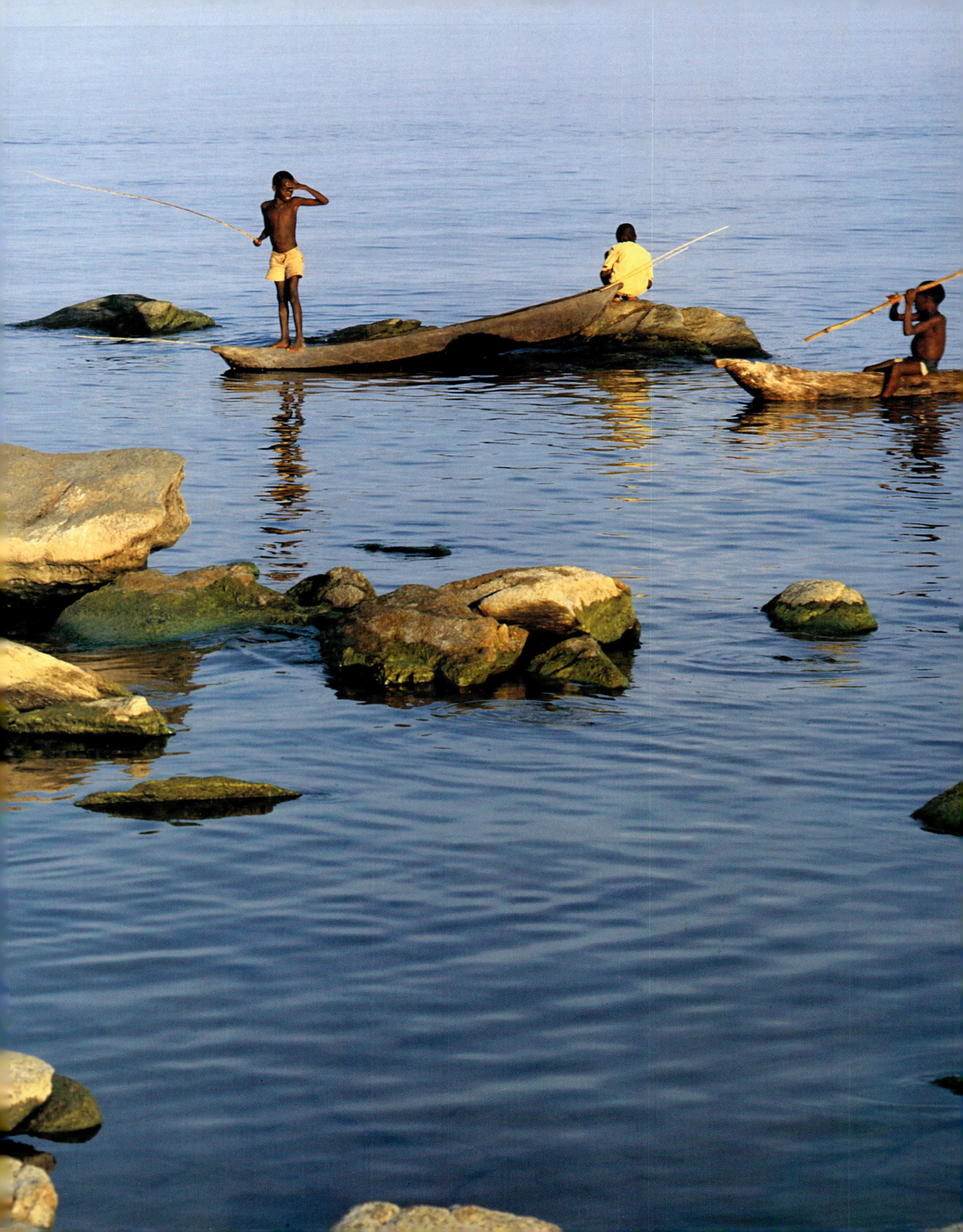

Flüsse

Bergwelt mit feuchter Umgebung

Nyanga, Bvumba, Chimanimani: fremdartige Namen eines 300 km langen windreichen Gebirgszuges, der die Hochebene Simbabwes vom Tiefland Mosambiks trennt. Der 2 593 m hohe Inyanganiberg (rechts) ist Quellgebiet für etliche sprudelnde Flüßchen, die bald an Stärke gewinnen und schließlich – teilweise über den Sambesi – den Indischen Ozean erreichen.

Der Malawisee (oben) ist der drittgrößte See Afrikas und steht über den Shirefluß mit den Flüssen und Feuchtgebieten des südlichen Zentralafrikas in Verbindung. Sein Wasser fließt etwa 200 km vor dem Delta in den Sambesi, und der See selber gehört zum Rift Valley. Bei den vulkanischen Erschütterungen, die Afrika vor zwei Millionen Jahren zu zerreißen drohten, bildeten sich große Abgründe, die sich rasch mit Wasser füllten und heute u. a. als Malawi- und Tanganjikasee in Erscheinung treten. Der Malawisee – auch als Njassasee bezeichnet – erstreckt sich im Rift als ruhige, schmale Wasserfläche über 600 km und erreicht fast den Tanganjikasee. Er ist nur bis 30 km breit, aber ganze 500 m tief. Das außerordentlich fischreiche Gewässer ist von schönen, weißen Sandflächen, Ufern mit schattigen Palmen und öden Vorgebirgen umgeben.

Vorige Doppelseite: *In der Nkhatabucht des Malawisees: Einige junge Burschen angeln von Felsen oder ihren Kanus aus.*

Afrika
Bewahrte Wildnis

Flüsse

Afrika
Bewahrte Wildnis

Felsen mit langer Geschichte

Seit Jahrhunderten stehen die Zinnen von Chilojo am Flußgebiet von Zhou – was in der Sprache der Schona „Elefant" bedeutet – wie Wächter über der großen Wildnis Gonarezhu in Simbabwes südöstlicher Ecke. Hier, wo die Flüsse Runde und Save sich vereinigen, war seit den Tagen der Sklavenhaltung eine Freizone für Elefantenwilderer. Auch die Vernichtung der Eisenholzbäume beim Versuch, die Tsetsefliege einzudämmen, haben die steinernen Wächter hier erlebt. Und die Vernichtung der Büffel zum Schutz der vom Menschen gehaltenen Rinder – und Waffenschmuggel und Sklaverei und Kriege um Elfenbein ... Jeder Abenteurer des Lowveld – gleich, ob unter den Schangaan, Suaheli, Portugiesen, Engländern oder Rhodesiern – hatte bei Gonarezhou seine Chance gehabt.

Folgt man dem Limpopofluß westlich von Gonarezhou bis zu einer Stelle, wo der Schaschifluß hinzukommt, und wendet sich dann nordwärts, erreicht man bald die Matobohügel (oben). Diesen besonderen Ort hat sich der visionäre Eroberer Cecil John Rhodes zur Grabstätte gewählt. Unter großen natürlichen Kanonenkugeln blickt man auf ein Land, das – so scheint es – durch Schläge eines Riesen in Tausende zerstreuter Hügel zertrümmert wurde. Große Räume sind von Regen, Wind und Sonne ausgewaschen. Und Stille herrscht.

Während der Sommerregenzeit kann man – falls Gott Mwari freigiebig ist – die Wassermassen über diese mächtigen Walbuckel aus Granit (unten) in Hunderten glitzernder Bäche herabrinnen sehen, was an die weißen Streifen einer Kuduantilope erinnert, die unter den tröpfelnden Msasabäumen Rast macht. 70 Prozent der 13 Millionen Bewohner Simbabwes leben und arbeiten noch immer als Kleinbauern und Hirten, und seit fast einem Jahrtausend haben sie es verstanden, die Oberfläche der „dwalas" u. a. durch Feuer so zu bearbeiten, daß sich die Blöcke zum Bauen eignen. Die riesigen Steinplastiken Groß-Simbabwes nahmen auf ähnliche Art ihren Anfang. Moderne Künstler des Landes haben mit diesem Material die Möglichkeit, herausragende mythologische Figuren zu gestalten, die zu den interessantesten der Erde gehören.

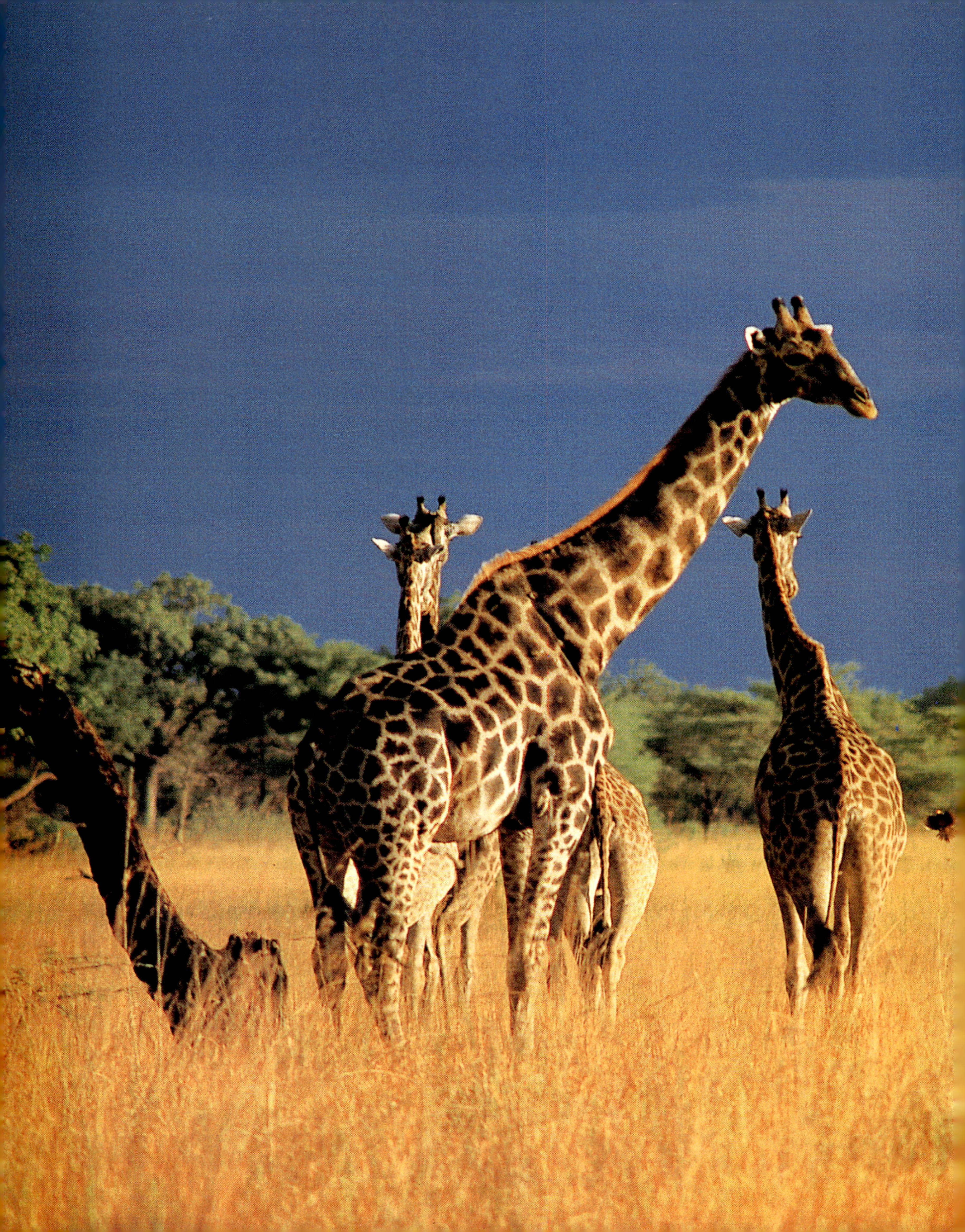

Afrika
Bewahrte Wildnis

Flüsse, die in der Wüste sterben

Staubige Stürme malen den kobaltblauen Hintergrund, vor dem diese Giraffen weiden – eine Szene auf der Schindi-Insel an einem der zahllosen Wasserläufe des Okawangodeltas in Botswana. Das Okawangogebiet ist eine schwelgerische Symphonie aus Fließgewässern, Wald, Überschwemmungsflächen, Lagunen und Altwassern. Es liegt im nördlichen Botswana, wird fast vollständig von der trockenen Kalahari umschlossen und nimmt insgesamt eine Fläche von 15 000 qkm ein. Die Mokoro-Baumkanus (unten) sind praktisch das einzige Transportmittel in den Adern dieses Sumpfgebietes, deren Wasser oft so klar ist, daß man die Flußpferdpfade auf dem Grund erkennen kann. Alte, oft ausgetrocknete Wasserläufe verbinden das Delta mit den Flüssen Cuando, Linyante und Chobe, die den Nordrand Botswanas und die entlegenen Makgadigadi-Salzpfannen im Osten markieren. All diese Gegenden sind heute Schutzgebiete mit einer Fülle an Wildtieren, darunter Löwen, Zebras, Gnus, Impalas, Litschi-Wasserböcke, Wüstenfüchse, Büffel, Sassaby-Antilopen, Hyänen und Kudus. Die Sitatungas *Tragelaphus spekei* (Bild oben) sind besonders gut an das Leben in den endlos vielen Armen des Okawango und den zahllosen palmengesäumten Inseln angepaßt. Die Sitatungas oder Sumpfböcke können in den Papyrussümpfen mit großer Ausdauer umherschwimmen, wobei die Männchen die langen, in sich gedrehten Hörner fast flach auf den Rücken legen. Wenn sie von einem Beutegreifer verfolgt werden, beenden sie ihren „Schwimmgang auf Zehenspitzen" und fliehen in großen Sprüngen, und wenn sie verwundet werden, tauchen sie zwischen dem Ried bis zur Nase ins Wasser ein.

Flüsse

Flüsse und Wüsten liegen in Afrika fast immer nahe beieinander – in jenem Erdteil der Kontraste und endlosen Weiten, der frostkalten Nächte und sengend heißen Steppen, wo alles Leben hart vom Wasser begrenzt wird. Alle Lebewesen in der Überschwemmungsebene des Okawango warten also durstig und geduldig auf die Gelegenheit, ans Wasser zu kommen. Im trockenen Busch verlassen sie sich auf ihre Tarnfärbung, um ihr Wirken zu verschleiern oder eine heimliche Annäherung zu ermöglichen. Ein Gepard *Acinonyx jubatus* findet selbst im Grün einer Dattelpalme genügend Deckung (rechtes Bild). Bemerkt er die Gelegenheit zum Beuteerwerb, kann er sofort zu einer bis 100 km/Std. schnellen Hetzjagd starten, doch ist er gegenüber anderen Beutegreifern oft erstaunlich nachgiebig.

Ein Lauerjäger am Wasser ist der Malachiteisvogel (Haubenzwergfischer) *Corythornis cristatus* (links oben) mit seinem auffällig roten Schnabel und dem schillernd bunten Gefieder, den man gelegentlich niedrig über das Wasser fliegen sieht. In der Regel sitzt er auf einer Warte wie z.B. einem überhängenden Schilfhalm an einem Wasserlauf oder einem ruhigen Altarm und wartet geduldig, um dann plötzlich wie ein Farbblitz nach einer Kaulquappe oder einer Libellenlarve zu tauchen. Dann schüttelt er das Wasser aus den Federn, kehrt auf die Warte zurück und verschlingt die Beute mit dem Kopf voran. Beim Bau der Bruthöhle stößt er zunächst auf eine sandige Steilwand zu und benutzt dabei seinen Schnabel als Bohrer, um eine erste Einkerbung zu bekommen, so daß er sich daran festkrallen und die Höhlung erweitern kann.

Überall in den Feuchtgebieten Afrikas gibt es ebenso viele Frösche wie Fische. Oft haben sie ein seltsames Farbkleid, das mögliche Feinschmecker verwirren soll. In Südafrika gibt es mehr als 100 Arten, zu denen der abgebildete Riedfrosch *Hyperolius* spec. zählt, der sich gerne in einer Seerose niederläßt. Im Gegensatz zu Gepard und Königsfischer kann der Frosch das Farbkleid verändern – sowohl den Farbton als auch die Muster der Flecken und Streifen. Durch seinen durchdringenden Ruf „wiep, wiep" ist er nach Regenfällen besonders auffällig.

Afrika
Bewahrte Wildnis

Flüsse

Afrika
Bewahrte Wildnis

Des Lebens Wendungen

Der Kavango entspringt in Angola und fließt dann durch den „Pfannenstiel" Namibias, der auch als Caprivistreifen bezeichnet wird. Weiter fließt er durch Nordbotswana, wo seine vielen Windungen einen verwirrten und desorientierten Eindruck vermitteln – bei seinem Weg durch die Sande der Kalahari droht er sich nahezu selber zu verknoten, um schließlich im weitgefächerten, sumpfigen Delta zu enden.

Die Sümpfe, spiegelnden Teiche und flächigen Seen des Delta-Feuchtgebietes wirken wie ein stiller, friedlicher Ort, wo Schönheit und Lebensfülle zusammentreffen. Aber auch in dieser friedlichen Ruhe ist ein Moment der Grausamkeit enthalten – das Leben ist jederzeit zu plötzlichen Wendungen fähig. Auf einmal schlägt beispielsweise der Schreiseeadler seine scharfen Krallen in einen Fisch (unten), oder das an der Wasseroberfläche lauernde Krokodil (oben) packt mit seinen Zähnen ein Beutetier.

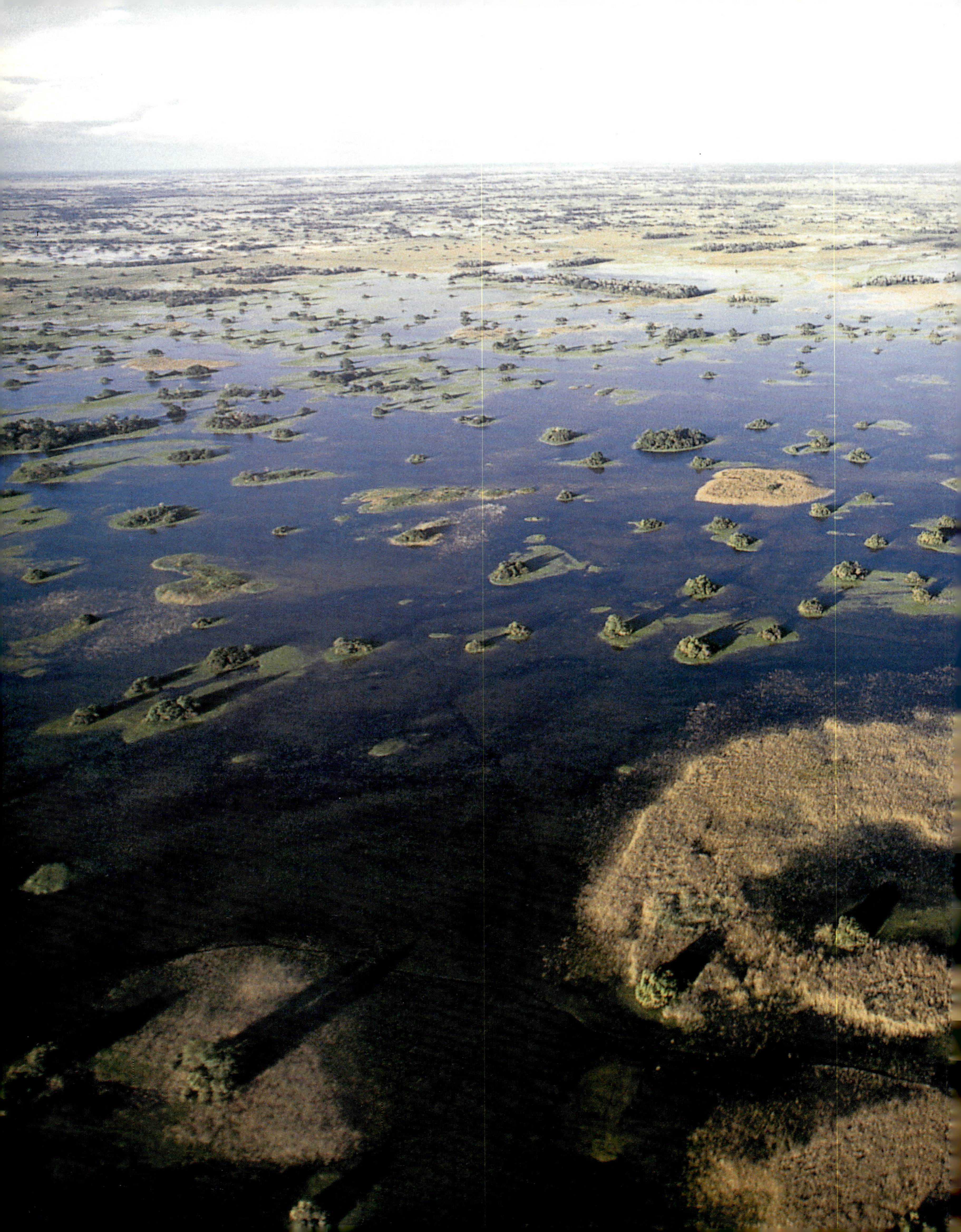

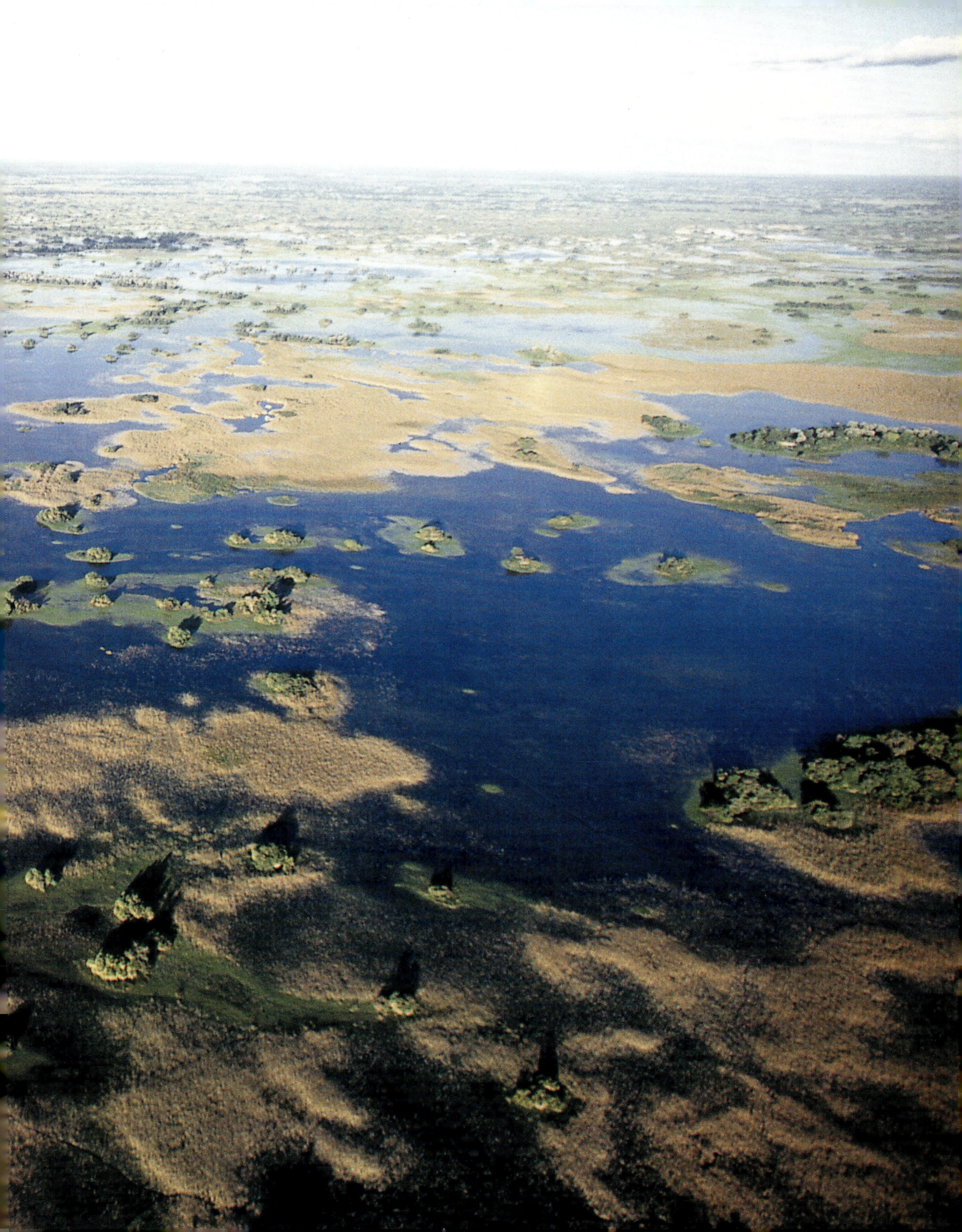

Flüsse

Afrika
Bewahrte Wildnis

Kampf in der Wildnis

Der plötzliche Ausbruch brutaler Kämpfe zwischen Tieren mag uns unerwartet und grausam erscheinen – für die Tiere selber aber gehört er zum alltäglichen Leben, nach dem Gesetz vom Töten und Getötetwerden. Das Zebra (links) versucht sich in wilder Flucht dem Zugriff seines häufigsten Feindes zu entziehen, wahrscheinlich vergeblich – eine Löwin hat die Jagd eröffnet. Wenn eine Zebraherde angegriffen wird, verteidigen die Hengste ihre Angehörigen entschieden; sie treten mit den Hufen, Staub wirbelt auf, zugleich geben sie bellende Alarmrufe von sich, während die Löwinnen vorpreschen, umschwenken, verfehlen, womöglich stürzen. Die Stärke und den Bewegungsfluß der Löwin mag man bewundern, das Mitgefühl aber gehört den Zebras, die Fohlen und Familie verteidigen.

Wenn Wildhunde im schwindenden Licht in der Grassteppe eine Tüpfelhyäne angreifen, ist der Kampf noch wilder, aber weniger einseitig. Die hundeartigen Raubtiere kämpfen nicht nur um Nahrung, sondern oft auch um das Jagdrevier – für beide Arten ein überlebenswichtiger Faktor. Heftige Streite können auch zwischen Hyänen und Löwenrudeln entstehen, wobei die Großkatze keineswegs immer die Vorherrschaft übernimmt – Hyänen sind durchaus nicht feige, sie greifen oft die Löwen unbarmherzig mit ihren kräftigen Kiefern und rasiermesserscharfen Zähnen an.

Vorige Doppelseite: Zahllose blaue Lagunen, zahllose kristallklare Fließgewässer: Der große Kavangofluß hat einen endlosen Weg zum Meer hinter sich, wenn er sich schließlich in dieser friedlichen Wasserwelt verliert.

Flüsse

Afrika
Bewahrte Wildnis

Der Sambesifluß erstreckt sich vom Kabora-Bassa-See bis zum Kavangofluß über etwa 1 200 km. Er bildet eine urtümliche Wasserwildnis mit Wäldern, einer reichhaltigen Vogelwelt und zahlreichen weiteren Wildtieren. Der Fluß wird von einer ganzen Reihe von Schutzgebieten begleitet, einige weitere wie z.B. Hwange befinden sich in der Nähe. „Hwange" bedeutet „Frieden" im heimischen Nambya-Dialekt – dieses schönste Wildreservat Simbabwes bietet immer wieder einen friedlichen Ausblick auf eine Landschaft mit einer Fülle der verschiedensten Tiere.

Die Tiere verstehen es meisterhaft, Farbe der Umgebung, Tageszeit und Geländestrukturen so zu nutzen, daß sie verborgen bleiben. Diese Burchell-Zebras *Equus burchelli* beispielsweise (links) haben zur Zeit des Sonnenuntergangs die Deckung einiger großer Bäume aufgesucht. Zebras halten sich gerne am Wasser auf, schwimmen aber nur selten. Als vor vielen Jahren der Karibastausee geflutet wurde, blieben Zebras auf kleinen „Kopje"-Inseln, ohne zum Festland zu schwimmen. Sie mußten von Menschenhand gerettet werden. Übrigens war Burchell, nach dem diese Zebras benannt sind, ein englischer Botaniker, der vor 180 Jahren ins innere Südafrika reiste und zwei schön geschriebene und bebilderte Bücher über Flora und Fauna veröffentlichte.

Die Bärenpaviane *Papio ursinus* (Bild oben) bilden Trupps mit bis zu hundert Tieren, die von den großen, dominanten Männchen angeführt werden. Durch einen bellenden Alarmlaut warnen sie den Trupp vor Gefahren, vor allem vor dem Erzfeind, dem Leoparden. Die alten Männchen können übellaunig sein, jede Unbotmäßigkeit der jüngeren Tiere wird sofort mit einem Knuff bestraft.

Flüsse

Afrika
Bewahrte Wildnis

Unter angestautem Wasser

Auch nach dem Bau des Karibastaudamms setzte der Sambesi seinen Lauf fort, er fließt unter der Oberfläche in seinem alten Bett weiter. Riesige Buschflächen wurden von dem ansteigenden Wasser überflutet, Tausende von Tieren gefangengesetzt. Der Naturschützer Rupert Fothergill startete unter dem Namen „Operation Noah" eine Rettungsaktion mit Don-Quichotte-Format: Tatsächlich gelang die Rettung von 47 Stachelschweinen, 12 Dachsen, fünf Wildkatzen, sechs Ameisenfressern, drei Hyänen und 585 Warzenschweinen sowie von 4 914 größeren Säugetieren, sehr viel mehr Reptilien, Schlangen und jungen Vögeln. Große Tiere wie Elefanten und Nashörner wurden zum Ufer gelotst, Löwen hingegen schwammen selbst, sobald es ihnen paßte.

Am Südufer des Stausees, in den Ebenen mit Hirsegras und auf dem gut begrünten Uferstreifen, weiden heute sehr viele Tiere, darunter Büffel und Flußpferde. Die geschwungenen Hörner der mächtigen Kaffernbüffel (links) gehen von einer Stirnplatte in der Mitte aus, die als Rammbock benutzt wird und selbst bei einem Panzer eine Beule verursachen könnte. Die Büffel leben in großen Herden, manchmal zu Tausenden, die ungeheure Mengen abweiden können, für den Menschen gefährlich aber sind eher die Einzelgänger. In Simbabwe bekommt kein professioneller Safariführer die Lizenz, Besucher in der Wildnis zu führen, wenn er nicht beweist, daß er in der Lage ist, einen angreifenden Elefanten oder Büffel aufzuhalten – und das heißt in jedem Fall mit einem tödlichen Schuß. Uns mag es barbarisch erscheinen, aber in Simbabwe darf keine Frau, kein Mann ohne diesen Test auf Leben und Tod eine Waffe tragen, um die Gäste zu beschützen.

Die Flußpferde *Hippopotamus amphibius* führen häufiger zu Unglücksfällen beim Zusammentreffen mit dem Menschen als all die anderen gefährlichen Tiere Afrikas. Die großen „Wasserpferde", wie die Griechen sie nannten, lassen sich am Sambesi häufig beobachten. Mit ihren mächtigen Kiefern und stoßzahnartigen Eckzähnen rammen sie manchmal ein Kanu, das sofort auseinanderbricht. Ihr „Gähnen" ist fast immer eine Drohgeste zur Reviermarkierung, doch verbringen sie die meiste Zeit nahezu untergetaucht im Wasser; ab und zu kommen sie schnaufend und prustend hervor und beobachten einen ruhig mit den Augen, die immer über die Wasserlinie ragen, und zucken nervös mit den rosa Ohren.

Flüsse

Afrika
Bewahrte Wildnis

Hunde, Herrscher der Ebene

Die Afrikanischen Wildhunde *Lycaon pictus* sind die am stärksten bedrohten Carnivoren (hundeartigen Raubtiere) Afrikas. Durch Landwirtschaft und Jagd u. a. sind die Bestände so vermindert, daß nur noch rund 5 000 übrig blieben. Die hübsch gefleckten schwarz-braunen Tiere ähneln in vielerlei Hinsicht den Haushunden – sie sind neugierig, spielerisch und temperamentvoll. Sie jagen in großen, ausgesprochen gut koordinierten Rudeln und ziehen offene Gebiete vor, wo sie ihre hervorragende Sehfähigkeit stärker einsetzen als den Geruchssinn. Wildhunde beim Beuteerwerb zu beobachten ist ein Hochgenuß an Bewegungsästhetik: Bis 15 Hunde übernehmen es, z. B. ein Gnu müde zu hetzen, sie laufen dabei unermüdlich mit 50 km/Std. über weite Entfernungen, schnappen ab und zu nach dem fliehenden Tier, reißen dann auch Fleischstücke heraus, bis es schier vor Erschöpfung zusammenbricht. Die geifernden, hungrigen, jaulenden Hunde treten dann ruhig zurück und lassen ihre Jungtiere zuerst fressen. Die Rudel bestehen aus einer Großfamilie mit sehr engem Zusammenhalt, wobei alle Angehörigen, nicht nur die Mütter, sich um die Welpen kümmern. Sie verständigen sich durch verwickelte Begrüßungsrituale; Aggressionen kommen innerhalb des Rudels fast gar nicht vor. Hyänen werden von Wildhunden schärfstens angegriffen, wenn sie sich ihrem Riß zu nähern wagen, und selbst die Leoparden halten Abstand.

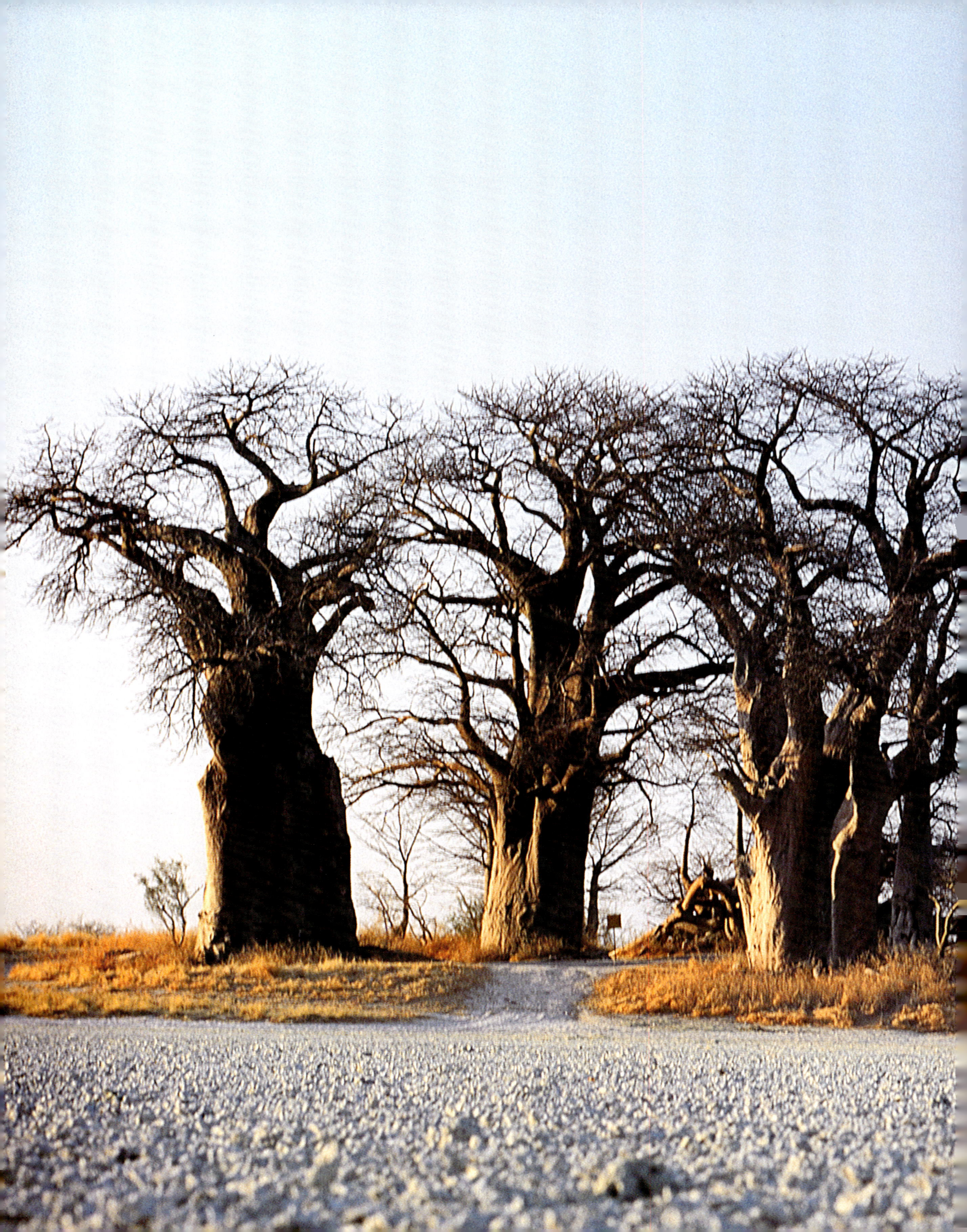

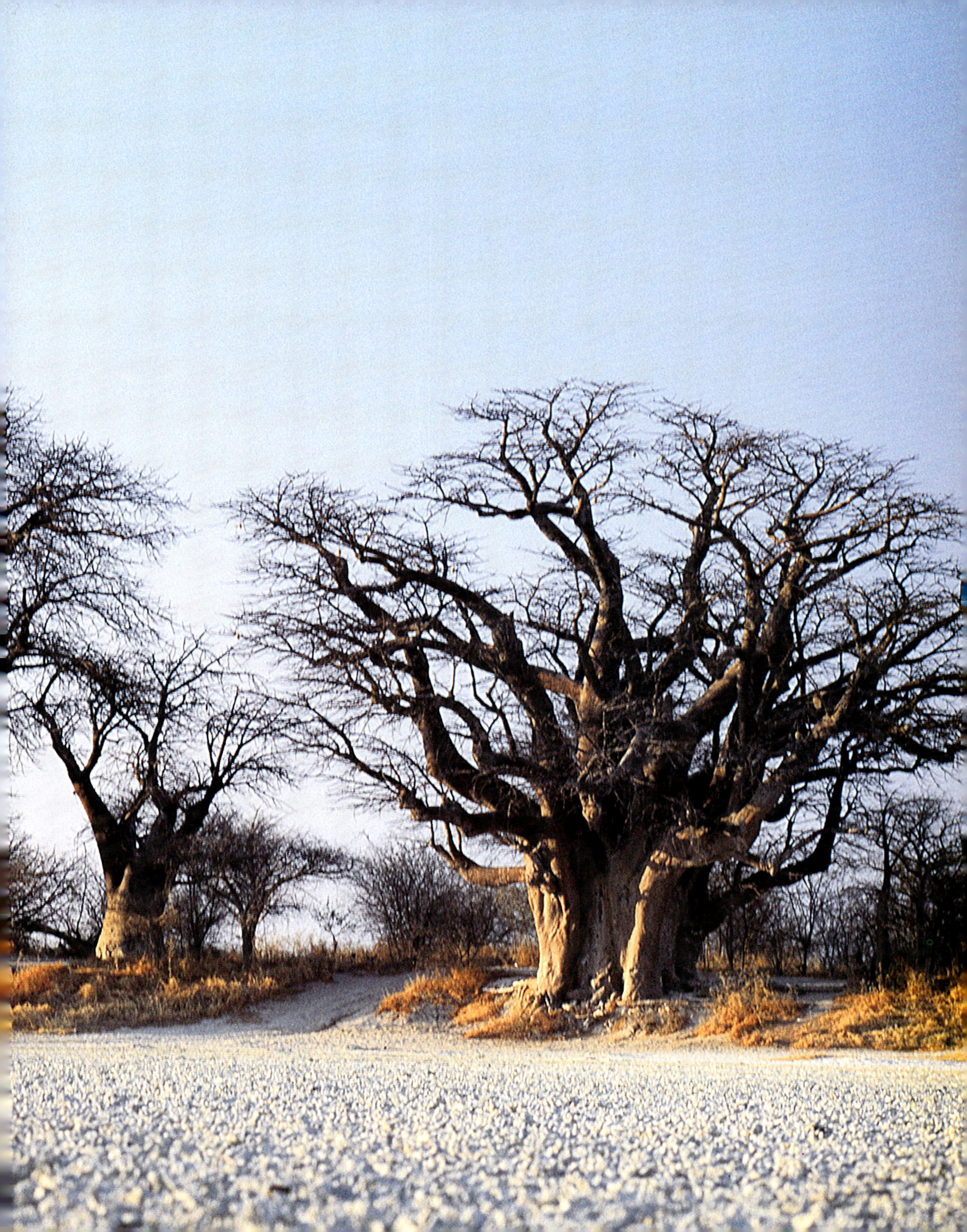

Flüsse

All das ist Afrika

Jeder entlegene Wasserlauf, Lagunen, Altwasser und die zahllosen Fließgewässer des riesigen verknüpften Flußsystems mit dem Okawango als Achse, Caprivi, die Hochebene von Sambia, der große Malawisee und der Grabenhang von Simbabwe leiten unweigerlich zum Sambesi über – schon der Name beschwört den Ruf des Schreiseeadlers herauf, den Gedanken an die Gefahren, die Wildtiere, die Schönheit und die große Stille Afrikas. Eine urtümliche Wasserwildnis ist hier zu entdecken, eine Welt des Sonnenuntergangs und der fernen Berge und der Tage, an denen die Gewässer in einem Licht aufleuchten, das an den Schöpfungsmorgen erinnert. Aber Pracht und erhabene Schönheit sind nicht alles; das Trompeten eines Elefantenbullen, das Stampfen Tausender Büffel, der Todesstoß eines sechs Meter langen Krokodils sind nicht alles. Auch der prasselnde Regenschauer im Wald, der heulende Sturm über die endlose Salzpfanne, die geisterhaften Laute der Hyänen bei Nacht sind nicht alles. Afrika ist auch der Ort der Lebewesen zu unseren Füßen, der kleinen, schwachen und hilflosen: Da sind die Myriaden von Ameisen nach dem Regen; der Mistkäfer, der unermüdlich mit den Hinterbeinen Kotmaterial schiebt; die Libelle, die erwartungsvoll in der Luft schwebt; eine mit Morgentau geschmückte Spinnwebe. Im Wasser stolziert ein Klunkerkranich *Grus carunculatus* mit kurzen Schritten (unten); Schlangenhalsvögel *Anhinga rufa* versammeln sich über dem dunkler werdenden, ölig orangefarbenen Wasser (rechts unten), und eine Seerose gibt ihren Duft für ein einzelnes Blaustirn-Blatthühnchen *Actophilornis africanus* frei, das auf den Schwimmblättern schreitet. All das ist Afrika.

Vorige Doppelseite: Die Baobabs (Affenbrotbäume) werden auch als „umgedrehte Bäume" aufgefaßt. Das geht auf eine Legende der San-Buschmänner zurück: Gott soll einen solchen Baum aus seinem Garten geworfen haben, dabei sei er mit den Wurzeln nach oben gelandet. Baobabs können 2 000 Jahre alt werden und einen Stammumfang von acht Metern bekommen.

Afrika
Bewahrte Wildnis

Flüsse

Afrika
Bewahrte Wildnis

Ein Ausdruck der Liebe

Das Leben in der afrikanischen Wildnis wird vom unerbittlichen Rhythmus des Todes bestimmt. Im Leben mag das Warzenschwein, das munter aus dem Busch hervorschießt, uns wohl eine liebenswerte Seite Afrikas zeigen, bei seinem gewaltsamen Tod aber wird es sich dem königlichen Ruhm des Gepards beugen müssen (Bild links). Kaum werden unsere Gefühle entzündet, schon lernen wir es, sie von den harten Gesetzen der Wildnis stählen zu lassen.

Wenn das Land selber vor Mitleid aufschreit, ist der Schmerz um so größer, und Augenblicke großer Trauer und Leidenschaft zerren an der Seele wie die Zähne einer hungrigen Katze. Der Elefant, der tot am Boden liegt (oben), wird nicht alleine gelassen. Ein „Freund" legt sanft den Rüssel auf den Toten, will ihn nicht verlassen, manchmal lange nach dem Tod nicht. Es ist ein Ausdruck der Liebe, ein Ausdruck der Liebe in der Wildnis.

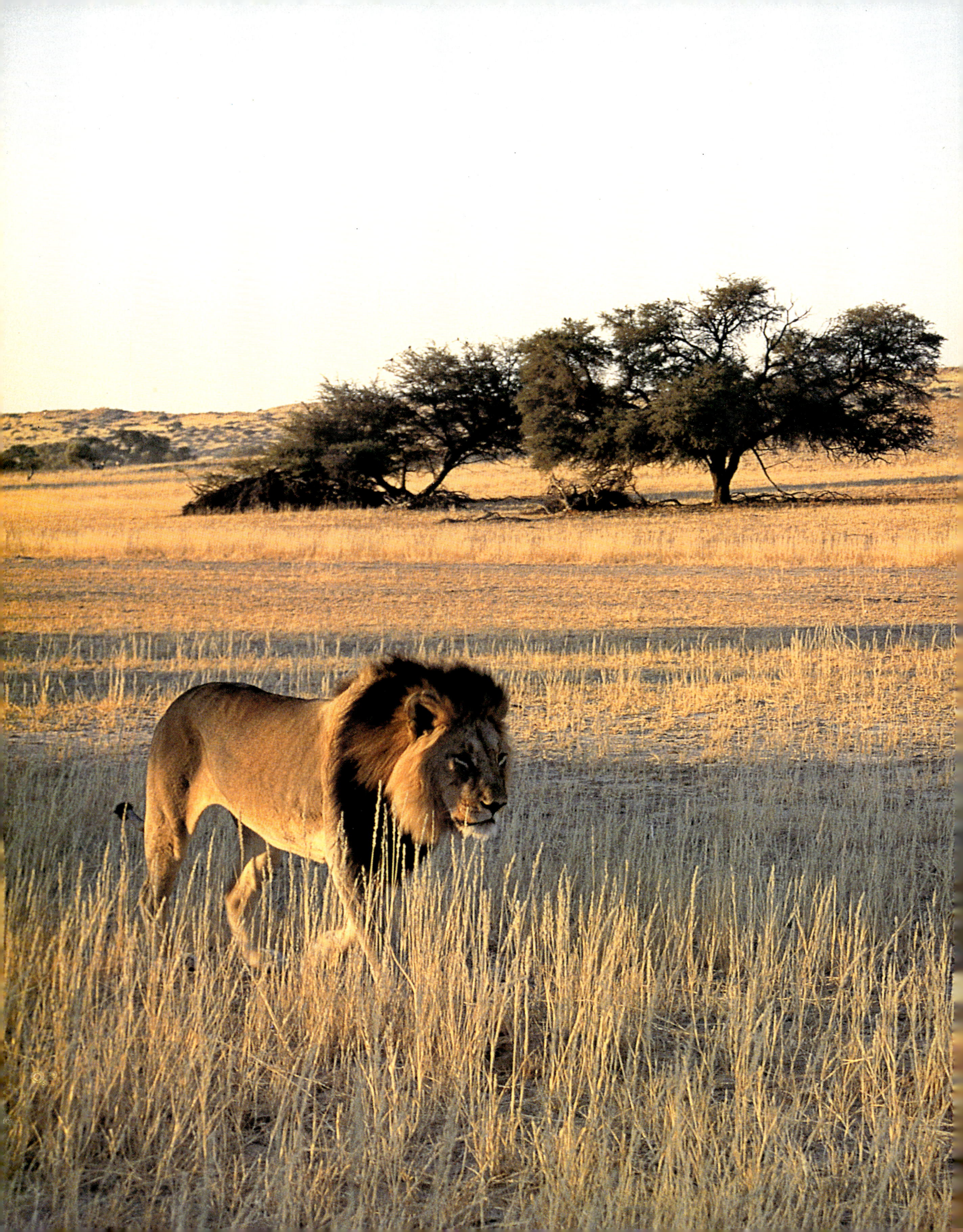

Im Veld

Afrika

Es sind großartige Landschaften: die hohen, heißen Grasflächen, die Halbwüsten in Südafrika, leere Ebenen mit unbegrenztem Horizont und gewölbtem Himmel. Über die endlose Prärie mit schönen Blüten, trockener Hitze und einzelnen nackten Felsen, wo die afrikanische Nacht von eisigen Sternen erhellt wird, kamen einst Siedler aus Europa vom Meer und aus dem inneren Afrika – auf der Suche nach Raum, Boden und (damals noch reichlich vorhandenem) Wild. „Veld" (wörtlich: Feld) nannten die holländischen Siedler die trockenen Ebenen, die sie vorfanden. Unterirdisch wurden später Diamanten und Gold abgebaut, auf der Oberfläche sind inzwischen viele Straßen und Städte entstanden. Und doch sind einige Naturreiche im Veld geblieben: die Flächen der Karru, das große Wildschutzgebiet des Krüger-Nationalparks und die Savanne der Kalahari im Norden, von der Hitze ausgedorrt, aber strotzend vor Leben.

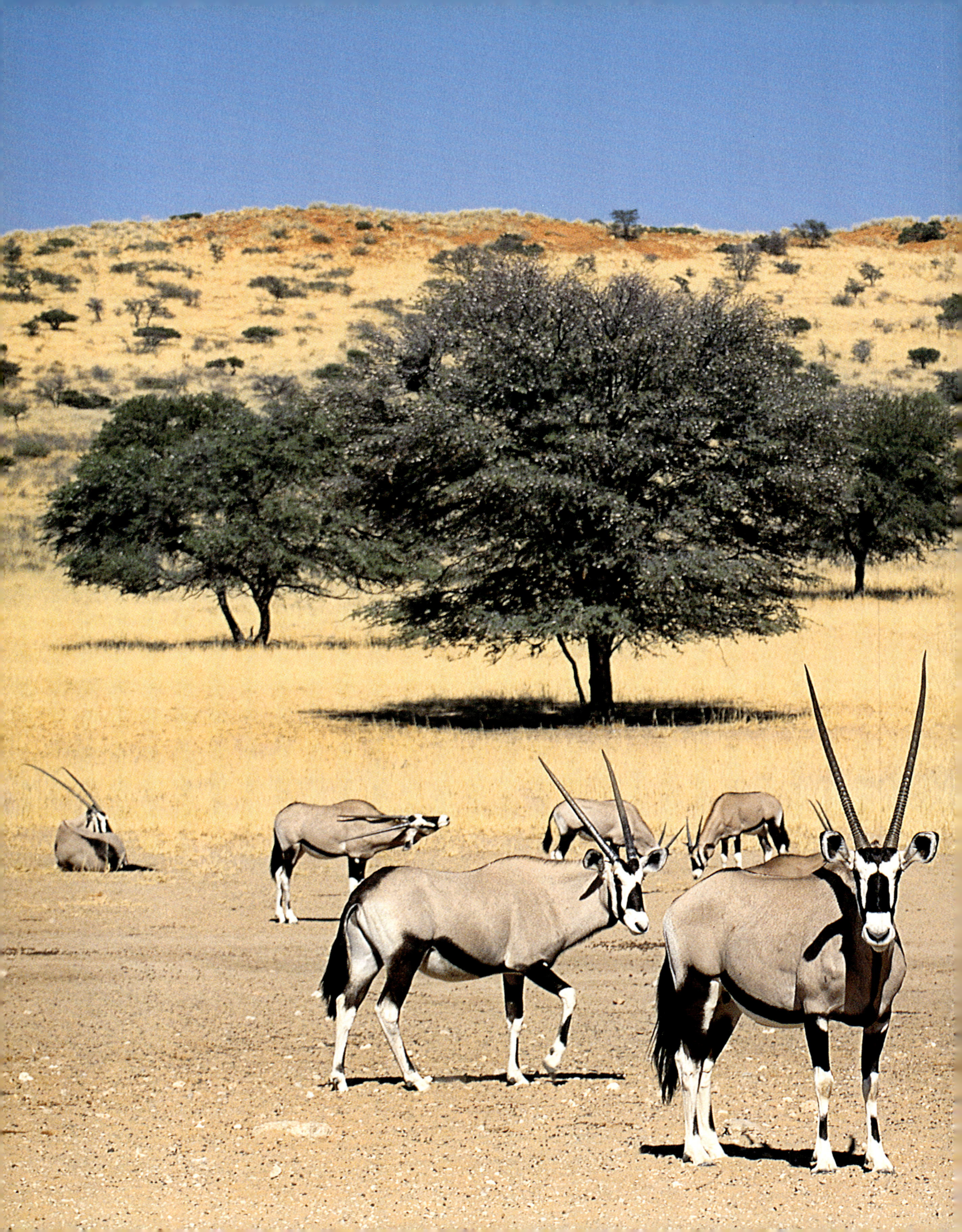

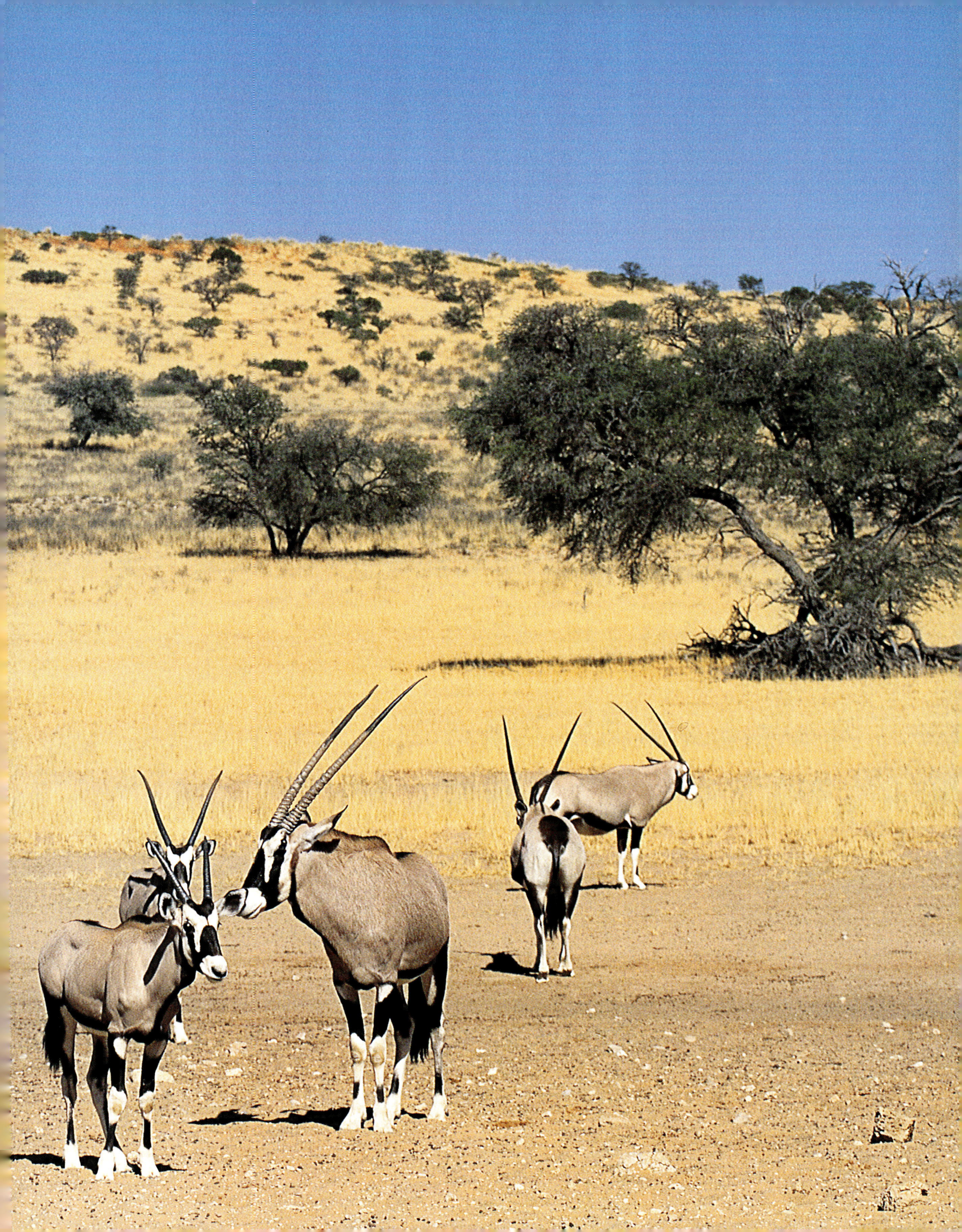

Im Veld

Zeitlose Kalahari

Die verlorene Welt der Kalahari – der „großen Austrocknung" in der Sprache der ortsansässigen Tswana – erstreckt sich 1 500 km weit über die Mitte des südlichen Afrika; im Südteil wird sie vom schlammigen Oranjefluß durchschnitten, der sich durch die trockenen Flächen windet und an einer Stelle über eine 18 km breite Stufe aus Stromschnellen und Schluchten, die „Augrabies Falls", hinabstürzt.

Die Halbwüste ist zwar weitgehend trocken, läßt aber auf etlichen Flächen das Wachstum süßer Gräser zu, die als Weide für eine große Zahl von Antilopen ausreichen. Auch bietet das Gras genügend Deckung für solche Tiere wie die scheue Afrikanische Wildkatze *Felis libyca* (Bild unten). Sie ist eine nahe Verwandte der Hauskatze, von der man weiß, daß sie in Nordafrika schon 3 000 v. Chr. gezähmt wurde. Überall auf den trockenen Grasflächen kann man in großen Herden die Springböcke *Antidorcas marsupialis* (rechts) antreffen. Die ausgetrocknete Mulde, um die sie sich hier versammelt haben, wird sich rasch mit Wasser füllen, sobald die Regenschauer eintreffen, die der Regenbogen zu versprechen scheint.

Vorige Doppelseite: *Der schöne Afrikanische Spießbock („gemsbok") wird speziell im „Kalahari Gemsbok National Park" geschützt. Die Antilope kann praktisch ohne Wasser auskommen, u. a. weil sie sich von der Tssama-Melone ernährt und saftige unterirdische Wurzeln und Knollen auszugraben pflegt.*

Afrika
Bewahrte Wildnis

Im Veld

Tiere zu jeder Jahreszeit

Von vielen Säugetierarten werden die Restbestände in Südafrika sowohl vor Wilddieben als auch vor der Ausweitung der Siedlungen oder Ackerbauflächen geschützt. Die letzten hundert der großen Herden des Afrikanischen Elefanten *Loxodonta africana*, die das Kapgebiet im 19. Jahrhundert durchstreiften, werden heute in dem kleinen Addo Elephant Reserve unweit der Stadt Port Elizabeth streng beschützt. Eine Zeitlang wurden die Elefanten in dem Park mit Zitrusfrüchten gefüttert. Doch wird das heute aus ökologischer Sicht abgelehnt – auch die Fleischfütterungen für Wildkatzen an den Aussichtspunkten für Touristen in der Nähe der Unterkünfte im Krügernationalpark wurden inzwischen eingestellt.

Der Winter kann in Südafrika nachts ausgesprochen kalt sein, mit Frost, Eis, Regen und regelmäßigem Schneefall an den höheren Hängen. Doch ist es am Tage trotzdem gewöhnlich sonnig und warm, besonders in den Gegenden, wo sich die Wildtiere konzentrieren. Das Kap-Bergzebra *Equus zebra zebra* (Bild unten), eine eher kleine Unterart parallel zum Burchellzebra, das sich vom Steppenzebra ableitet, stand vor 60 Jahren ebenso wie das nahe verwandte Quagga kurz vor der Ausrottung – um 1950 gab es nur noch etwa 100 Tiere. Durch den strengen Schutz haben sich die Bestände seitdem wieder gut erholt, u.a. in dem speziellen Schutzgebiet des „Mountain Zebra National Park" im östlichen Kapgebiet, einer wilden Landschaft, die im Winter eine dünne Schneedecke bekommt und im Sommer von der Sonne ausgedörrt wird.

Afrika
Bewahrte Wildnis

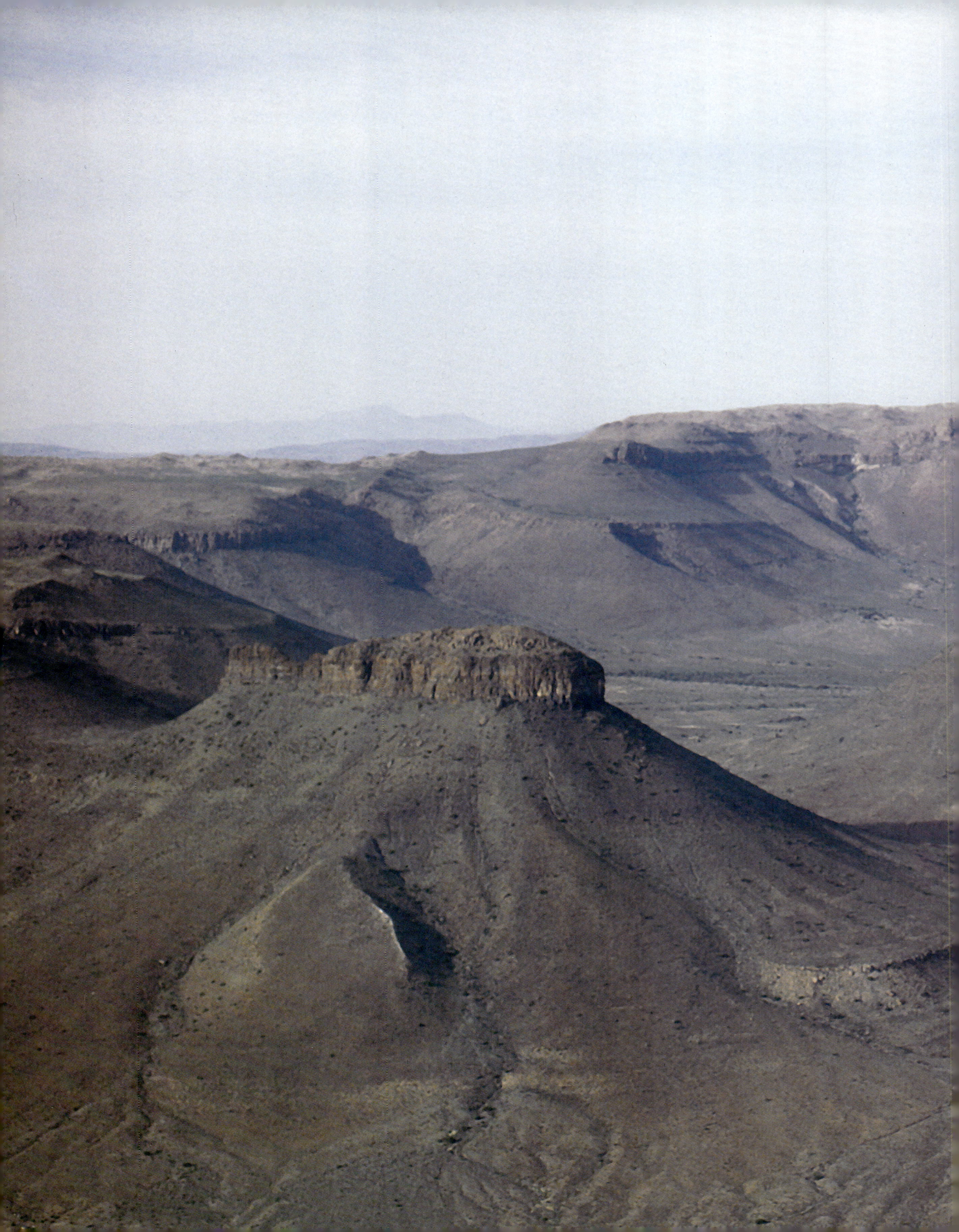

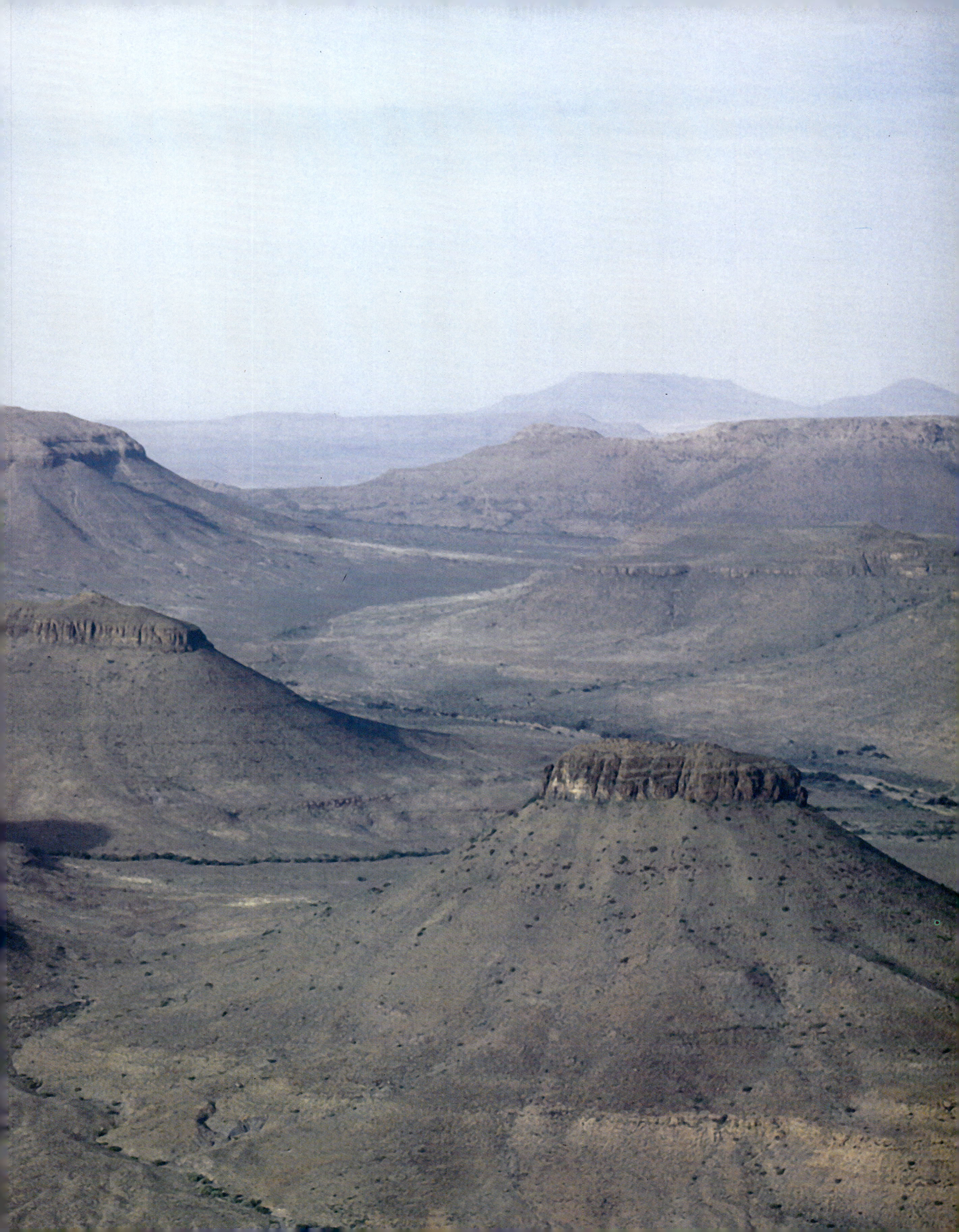

Im Veld

Afrika
Bewahrte Wildnis

Hoch über den Menschen und Bergen

Das Königreich Lesotho, ein kleiner Binnenstaat, der von der großen Republik Südafrika umschlossen wird, erhebt sich zu einem Bergland, das oft als „Dach Afrikas" bezeichnet wird. Bis hoch hinauf werden im Malutigebirge die kargen Hänge von den stolzen Basotho bebaut und als Weideland benutzt; mit ihren kleinen Rinder- und Schafherden sind sie dem harten Wechsel zwischen regenreichen Sommern und eiskalten Wintern ausgesetzt.

Der Bartgeier *Gypaetus barbatus* (Bild oben, rechts), der eine Flügelspannweite von zweieinhalb Metern erreichen kann, und der kleinere Kapgeier *Gyps coprotheres* suchen die hochgelegenen Felsspalten der windigen Bergzüge mit einer Geschwindigkeit von bis zu 120 Stundenkilometern ab, wobei sie geschickt Windstöße, plötzliche Wirbel und die Aufwinde über den dunklen Bergflächen nutzen und kaum einmal mit den Flügeln schlagen. Sie können im Flug Nahrung aufnehmen, lassen aber gewöhnlich Knochen auf einen Felsen fallen, um sie aufzubrechen und an das Mark heranzukommen, das sie mit ihrer löffelförmigen Zunge herausholen. Da die Wildtiere aus diesen Berggegenden verschwunden sind, müssen sich die Geier heute von toten Nutztieren ernähren, weshalb die Bauern die Aasfresser „Lämmergeier" nannten und als Räuber einstuften, die vergiftet und bejagt werden müssen. Heute kann man sie noch in Äthiopien, Tibet, den Pyrenäen und Teilen des Rift Valley in Kenia und Tansania beobachten. In Südafrika gibt es noch rund 600 von ihnen.

Vorige Doppelseite: Blick auf die Landschaft, die als „Karru" (engl. Schreibweise „Karoo") oder „garo" bezeichnet wird, von den Khoikhoi als „Wüste": Das Gebiet ist für seine einzigartige Gesteinsschicht bekannt (Karruformation), in der fossile Belege der ersten Säugetiere gefunden wurden.

Im Veld

Afrika
Bewahrte Wildnis

Die trockene Savanne des „Veld" zeigt keine solche leuchtende Farbpracht wie der Regenwald oder die Küstenstriche, die Landschaft ist hier auf von der Sonne ausgelaugte Braun- und fahle Grüntöne beschränkt. Wenn aber die Sonne über dem ausgedörrten Land untergeht, erstrahlt am dämmernden Himmel eine reiche Farbskala, während die Büsche und Baumskelette – hier im Krüger-Nationalpark – für kurze Zeit als Schattenriß emporragen. Von den starren Zweigen eines ertrunkenen Baumes im Letaba-Altwasser, wo sie ihr Nest haben, schicken einige Graureiher *Ardea cinerea* ihre heiseren, anschwellenden Rufe in die schwüle Abendluft hinaus.

Die Ndebele bringen mit ihren schöpferisch bunten Mustern eine fröhliche Lebendigkeit in ihre kleinen Dörfer und Krale, die verstreut in Lichtungen des Buschveld anzutreffen sind. Es sind die Frauen der Ndebele (Bild oben), die selber die feinen Perlenstickereien, leuchtenden Gewänder und die besonderen gemalten Winkelmuster auf den Lehmwänden ihrer Häuser entwerfen. Obwohl sie stark von der Zivilisation beeinflußt werden und teilweise in Schaudörfern für Touristen leben, sind doch bei dem Stamm die schöpferischen Fähigkeiten noch sehr stark erhalten, wobei sie moderne Entwürfe und Themen ihren altüberlieferten Mustern einverleiben.

Im Veld

Vom Menschen verdrängt

Der Naturschutz hat seine Schattenseiten in Afrika. Das Nashorn beispielsweise steht nach wie vor am Rande der Ausrottung – vom Menschen bedroht und zugleich von ihm abhängig. Gerade die stärksten Wildtiere mußten immer wieder vor der sorglosen technischen Überlegenheit des Menschen kapitulieren. Eine Rückkehr zu den früheren Bedingungen gibt es aber bei den meisten Tieren nicht, jeder kleine Sieg der Naturschützer kann nur eine winzige Korrektur eines gründlich verschobenen Gleichgewichts bedeuten.

Das Horn der Nashörner wurde zum „Kokainproblem" der Naturschützer. Obwohl man den Tieren vorbeugend die Hörner absägte und eine „Save-the-Rhino"-Kampagne durchführte, erreichte man keinen Durchbruch. Es ist einfach zu viel Geld im Spiel. In Sambia, Kenia und Tansania sind die Bestände nahezu ausgelöscht; in Simbabwe schrumpfte der Bestand des Spitzmaulnashorns von 3 000 vor zehn Jahren auf 300 zusammen – und das trotz einer harten Anti-Wilderer-Aktion, bei der rund 200 Wilderer getötet wurden. Die nächsten Kampfplätze werden die Reservate Umfolzi und Hluhluwe in Südafrika sein, wo es noch den weltgrößten Bestand an Breitmaulnashörnern *Ceratotherium simum* gibt (rechtes Bild) und die „Operation Rhino" deutliche Erfolge zu verzeichnen hatte.

Weniger bekannt, aber für den Erdteil und seine Zukunft ebenso wichtig ist das Schicksal des weiß-grauen Klunkerkranichs *Grus carunculatus* (Bild oben), den man in Südafrika kaum noch zu sehen bekommt. Er ist ein Vogel der Feuchtgebiete. Seinen Namen bekam er wegen der beiden weiß befiederten Hautlappen, die vom Kinn herabhängen.

Afrika
Bewahrte Wildnis

Im Veld

Afrika
Bewahrte Wildnis

Der Krüger-Nationalpark ist ohne Frage das Prunkstück der Schutzgebiete Südafrikas. Er liegt rund 250 km vom Indischen Ozean landeinwärts im heißen „lowveld" (in der Tiefebene) mit Buschweiden, Akazien und Mopanebäumen. Westlich vom Limpopofluß erstreckt sich das Reservat über eine Länge von nur 350 Kilometern. Das Selous-Wildschutzgebiet Tansanias, die Zentral-Kalahari Botswanas und das Namib-Naukluft-Reservat Namibias sind alle etwa doppelt so groß, aber der Krüger-Nationalpark ist wahrscheinlich das am besten entwickelte und organisierte Schutzgebiet ganz Afrikas. Hier wird hervorragende ökologische Arbeit und Forschung betrieben, und das ausgezeichnete Schutzmanagement nutzt die langjährige Erfahrung.

Vielleicht wird es eines Tages gelingen, den Krügerpark mit Mosambiks „Parque National de Banhine" und Simbabwes Gonarezhou auf der anderen Seite des Limpopo zu verbinden und so ein große Wildnisgebiet zu schaffen, das für die berühmten und immer noch bejagten Elefanten der Gegend ein einheitliches großes Wandergebiet bildet. Bis dahin kann der Krüger-Nationalpark mit seinem Netz guter Straßen, der leichten Erreichbarkeit und den luxuriösen Safaricamps zu Recht als einer der besten Orte der Welt gelten, an dem sich Afrikas reicher Schatz an Wildtieren beobachten läßt, wovon die Löwin *Panthera leo* (oben) und die Elefanten (beim Trinken im Letabafluß, Bild links) nur Beispiele sind.

Wegen seiner Lage in der heißen Mitte zwischen Ozean und südafrikanischer Hochebene bekommt das Gebiet des Krügerparks nicht immer genügend Regen. Selbst bei den Flußpferden *Hippopotamus amphibius* (unten), die kilometerweit zum nächsten Teich wandern, kommen dann Todesfälle vor – zum Entsetzen auch der hartgesottensten Parkbediensteten.

Im Veld

Affen und Affenbrotbäume

Die geisterhaft wirkenden Affenbrotbäume oder Baobabs sind ein vertrautes Bild in Afrika, von der kenianischen Küste bis zu den Flußbetten im Lowveld des Südens. Es sind lebende Fossilien, teilweise 2 000 Jahre alt; sie werden 26 Meter hoch, mit einem Stammumfang von acht Metern, während das Astwerk oben mit dem grünen Laub und großen, weißen Blüten in der Regenzeit einen Umfang von bis zu 40 m haben kann. In den Dornen leben Kolonien von Ameisen, die die Bestäubung übernehmen.

Die Fruchthülsen des Baobab *Adansonia digitata* sehen aus wie Maraca-Rasseln und klingen auch so, wenn man sie schüttelt; die pelzigen Samen sind ziemlich süß und scharf, weshalb sie von Bäckern als Geschmackszusatz benutzt werden. Die Blätter des Baums haben ebenfalls einen interessanten Geschmack, sie werden als Würze bei einer in Afrika üblichen Maisgrütze aus Maismehl verwendet. Aus dem besonders faserreichen Mark werden kleine Teppiche hergestellt. Außerdem siedeln sich in den Bäumen gerne Bienen an, die reichlich Honig liefern, der sich auch vom Menschen verwerten läßt. Die hohlen Stämme werden oft von Menschen benutzt, um Schutz vor Regen oder Raubtieren zu finden, und es soll schon Bäume gegeben haben, die als Haus, als Gefängnis oder als Vorratskammer verwendet wurden. Tote, trockene Baobabs sollen manchmal spontan in Flammen aufgegangen sein. Die Bärenpaviane *Papio ursinus* (Bild oben) klettern oft in Baobabs, um nach Wasser Ausschau zu halten – allerdings nicht während der Regenzeit, dann genießen sie die Wurzelstöcke der Seerosen als Delikatesse.

Afrika
Bewahrte Wildnis

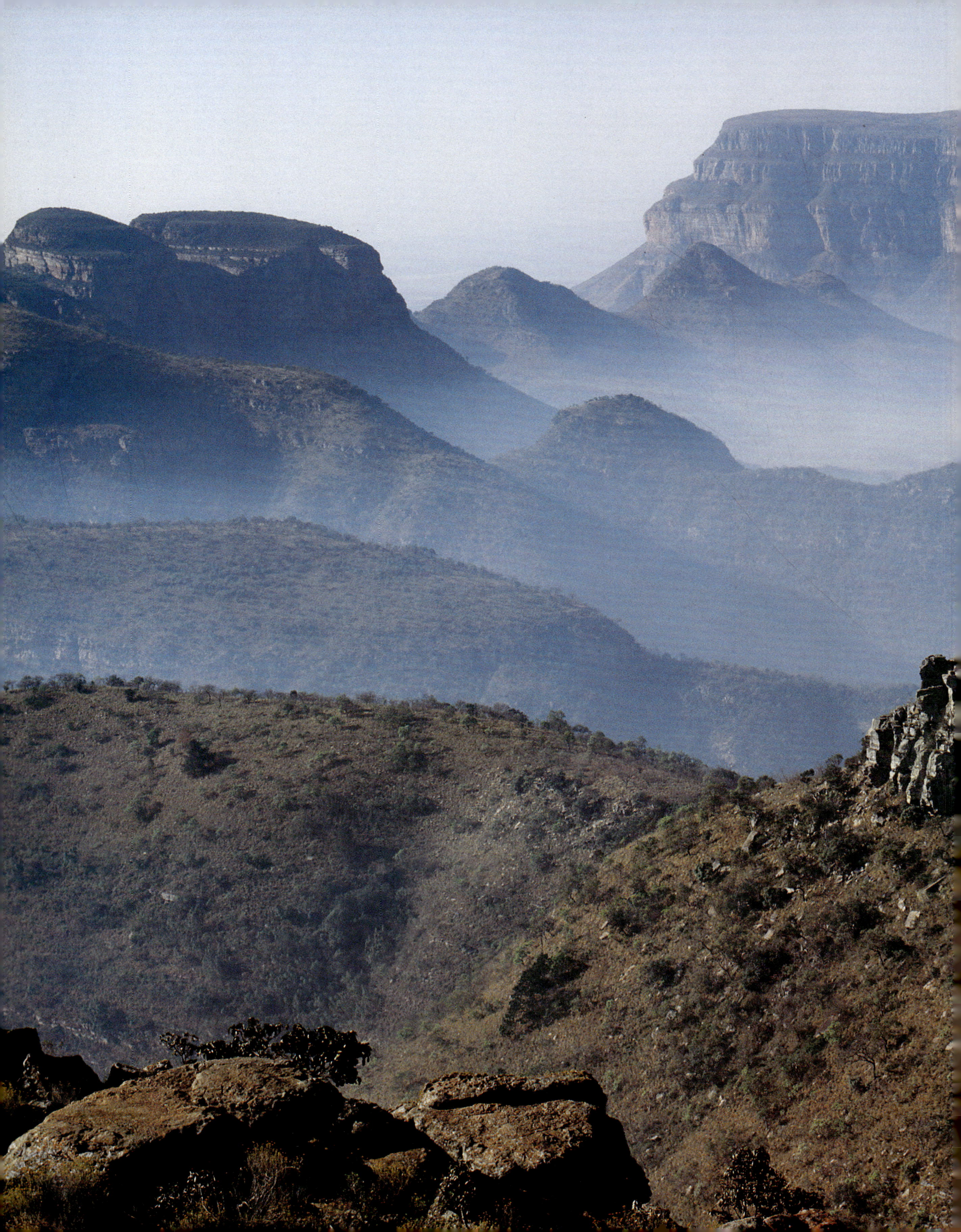

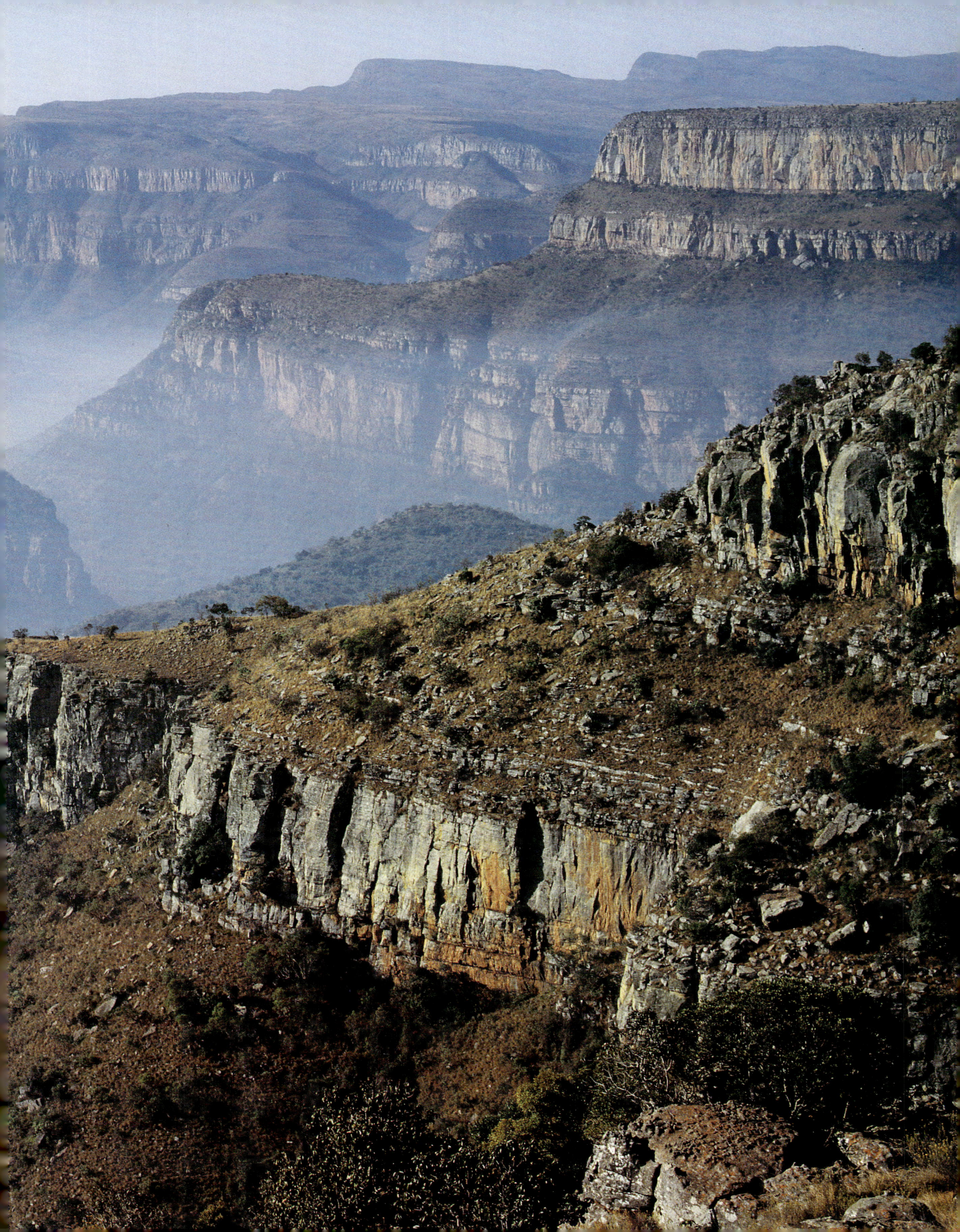

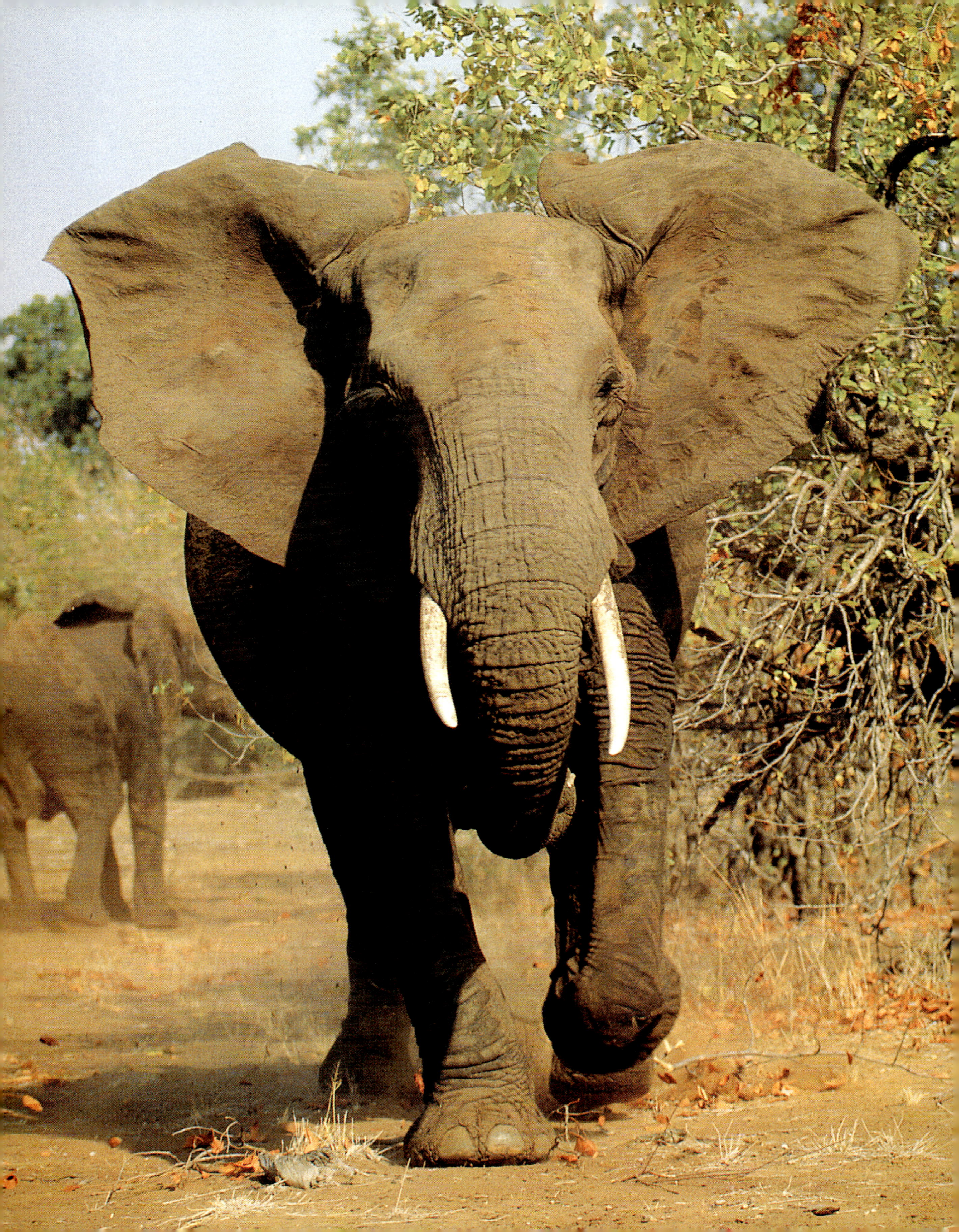

Afrika
Bewahrte Wildnis

Elefanten nehmen Störungen selten mit den Augen wahr – sie können nicht besonders gut sehen und heben sofort den Rüssel, um durch Schnüffeln die Umgebung zu prüfen, wenn sie etwas Verdächtiges bemerken. Fühlen sie sich beeinträchtigt, stampfen sie auf den staubigen Boden und stürmen mit erstaunlicher Geschwindigkeit voran, spreizen dabei die Ohren ab und schwenken den Rüssel (linkes Bild). Die Stoßzähne benutzen sie, um Stücke aus der Baobabrinde herauszureißen, falls die Laubnahrung einmal knapp geworden ist; gelegentlich werden die Stoßzähne auch beim Kampf um Weibchen eingesetzt, doch begnügen die Bullen sich in der Regel damit, einander mit dem Kopf zu rammen oder mit den Stoßzähnen aneinander zu schlagen. Es kommt aber auch vor, daß zornige Elefanten einander ernsthaft verletzen. Gegenüber anderen großen Wildtieren wie Nashörnern oder Flußpferden können sie sehr intolerant sein. Ihre riesigen Ohren – bis zu zwei Meter lang und über einen Meter breit – sind an der Oberfläche stark durchblutet und dienen der Wärmeregulation: In der Hitze des afrikanischen Tages werden sie immer wieder bewegt, so daß sich die Verdunstungsrate an der Oberfläche erhöht.

Die kleinen Schabracken-Schakale *Canis mesomelas* (Bild rechts) heulen, weil sie ungeduldig auf die Rückkehr ihrer Eltern warten, auf deren Nahrungsbeschaffung und Schutz sie angewiesen sind. Tiere mögen uns oft skrupellos erscheinen, was die Behandlung der Jungen oder anderer Artgenossen betrifft, aber ihr Instinkt ist grundsätzlich vorrangig auf das Überleben ausgerichtet. Emotionen sind zwar weniger erkennbar als beim Menschen, dennoch sind sie bei den höheren Tieren durchaus oft beteiligt. Eine Grüne Meerkatze ist hier (Bild unten) dabei, eines der Rudelmitglieder zu pflegen und nach Zecken abzusuchen. Zecken sind eine häufige Plage bei den Säugetieren, die das Gras in der afrikanischen Savanne durchstreifen. Doch dienen derartige Pflegehandlungen immer auch dem Zusammenhalt der Gruppe und werden deshalb oft wie ein Ritual ausgeführt, ohne daß Zecken o. ä. vorhanden sind.

Vorige Doppelseite: *Der Limpopo mündet bei Xai-Xai in Mosambik im Indischen Ozean. Einer seiner zahlreichen Nebenflüsse ist der Blyde-Fluß („Fluß der Freude") mit dieser großartigen, fast 1 km tiefen Schlucht im Nordteil der Drakensberge.*

Im Veld

So sehr wir die Jagd selber als schön und faszinierend beurteilen mögen, die unvermeidlich blutige Mahlzeit danach werten wir eher als häßliche Blutrünstigkeit. Doch sollten wir diese Situation besser als eine natürliche Seite des Lebens in der Wildnis betrachten und dem Gesamtzusammenhang des Gleichgewichts in der Natur einordnen, das die Existenz der verschiedensten Lebewesen zuläßt. Das blutige Fleisch, das Löwen mit ihren scharfen Zähnen abnagen (oben), ist für die Tiere nichts anderes als eine Mahlzeit, die dem frischen, grünen Gras der Gnus in der Steppe entspricht.

Im Krüger-Nationalpark bevorzugen die Löwen als Nahrung bei weitem Giraffen, an zweiter Stelle Gnus, dann Zebras und Impalas. Ein erwachsenes Männchen kann bei einer Mahlzeit bis zu 30 kg aufnehmen, wobei alles zusammen verschlungen wird, Fleisch, Fell, Knochen usw. In anderen Teilen Afrikas ist ihr Speisezettel anders zusammengesetzt, je nachdem, welche Tiere vorwiegend zu erbeuten sind. In Botswana z. B. werden junge Elefanten und Büffel bevorzugt, in der Serengeti sind Gnus die Hauptbeute. In der Not fressen sie sogar Fische aus trockenfallenden Wasserlöchern oder auch Mäuse, Reptilien oder Heuschrecken. Die heute so selten gewordenen Küstenlöwen wurden sogar beim Verzehr von angeschwemmten Robben oder Seekühen beobachtet.

Der Leopard *Panthera pardus* (unten) jagt während der Nacht und als Einzelgänger. Die metergroßen Ohrengeier *Torgos tracheliotus* hingegen (Bild rechts) begnügen sich mit dem, was die Löwen übriglassen, übernehmen aber die Vorherrschaft über alle anderen Aasfresser, die von ihnen aggressiv vertrieben werden.

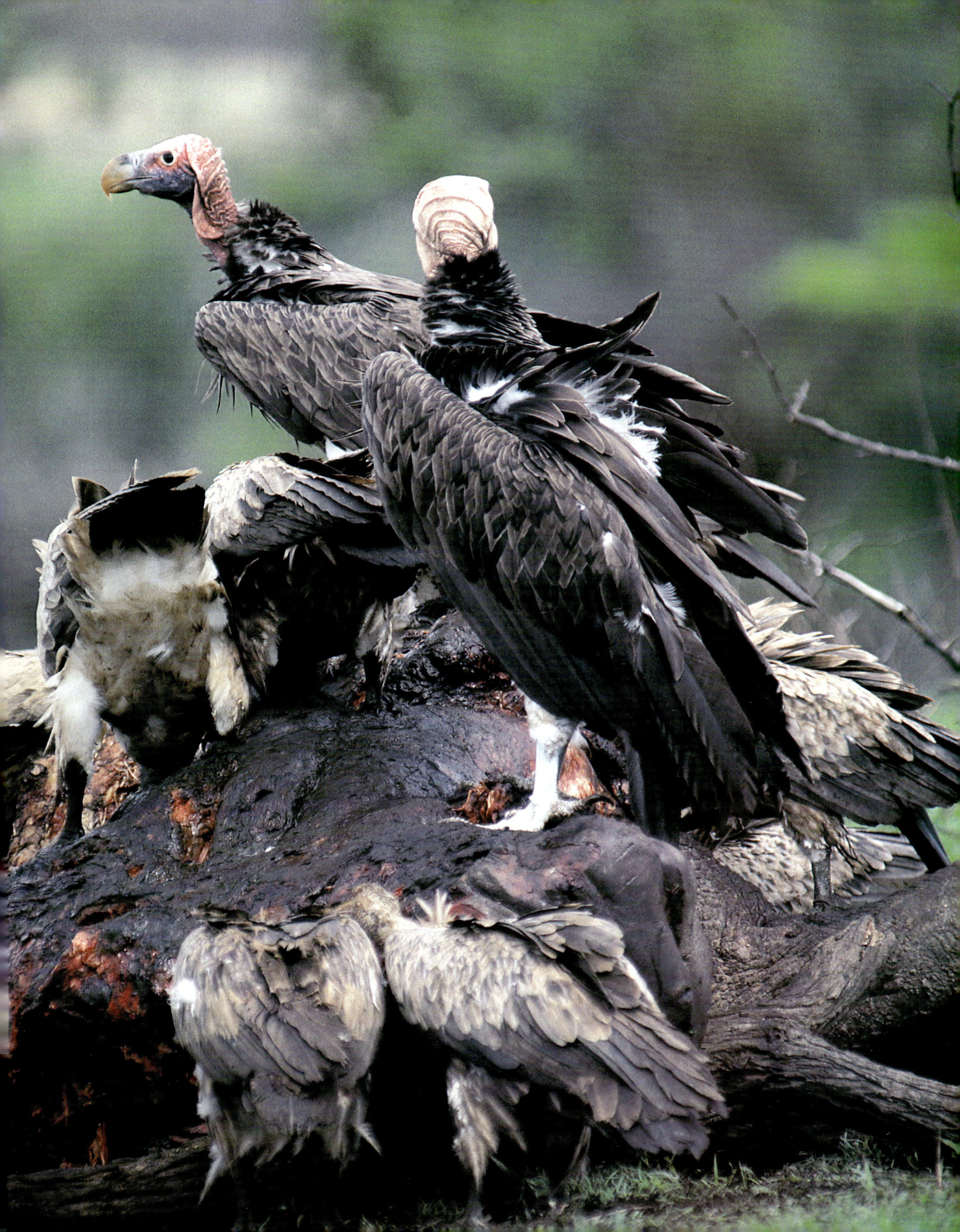

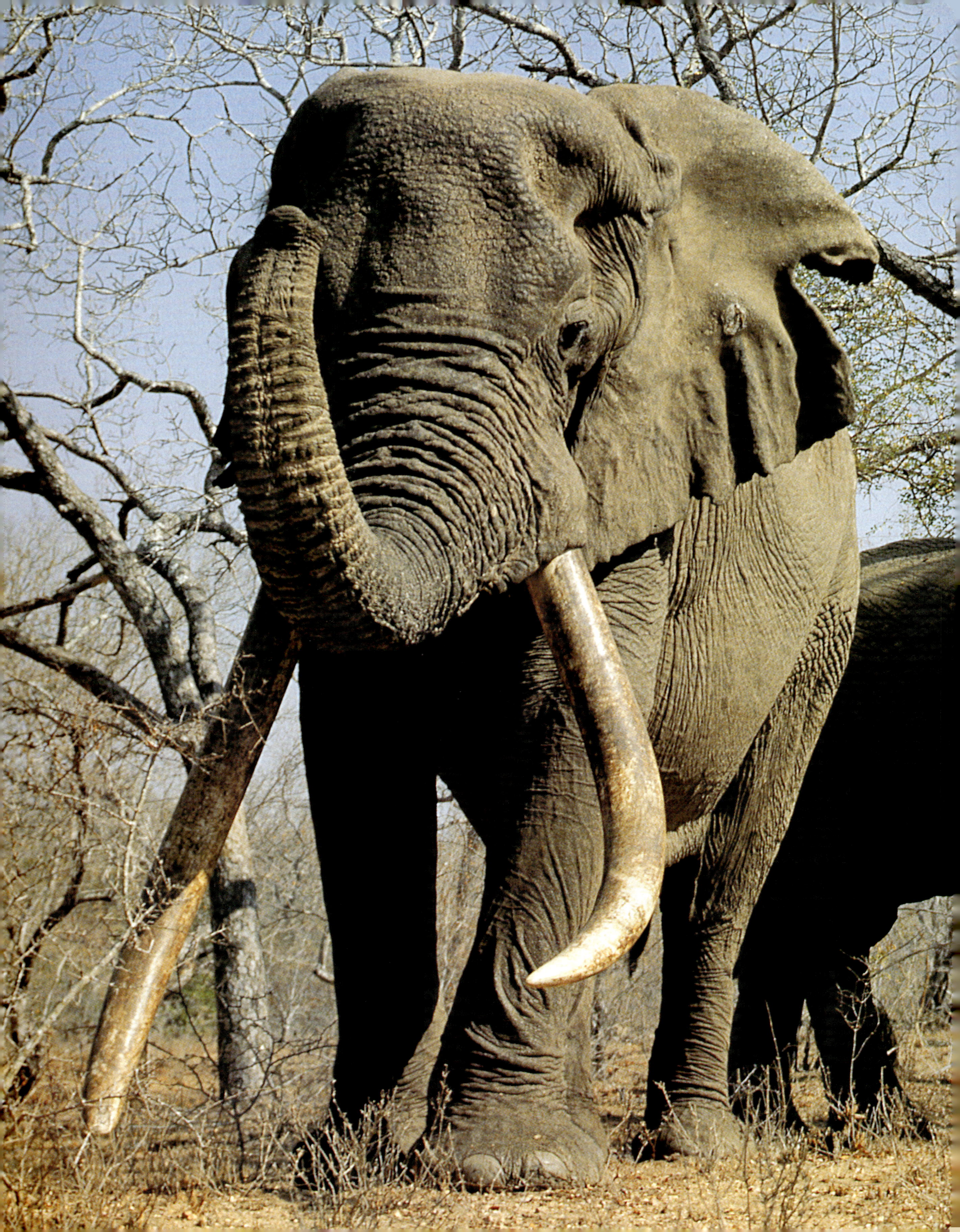

Afrika
Bewahrte Wildnis

Mit großen Stoßzähnen

Vielleicht sind es die Stoßzähne, die den Elefanten zu einem solch vielbewunderten Tier machen – gleichzeitig sind es die Stoßzähne, die den Elefanten zu einem Opfer menschlicher Gier und Selbstsucht werden ließen. Die längsten bekannten Stoßzähne hatten ein Gewicht von 117 kg und waren mehr als drei Meter lang. In Indien und Burma müssen Elefanten – Indische allerdings – regelmäßig ihre Stoßzähne und Rüssel zu harten Arbeiten einsetzen. In Afrika gibt es gezähmte Elefanten z. B. im Abu's Camp im Okavango und in Imire in Simbabwe, wo sie die Aufgabe haben, Besucher auf dem Rücken auf Safari zu transportieren.

Ein Elefant hat insgesamt 24 Backenzähne, die im Laufe des Lebens in Sätzen von jeweils vier Zähnen in Erscheinung treten – ist ein Satz abgenutzt, kommt der nächste an die Reihe. Im Alter von etwa 65 Jahren werden die letzten vier (von denen jeder etwa vier Kilogramm wiegt) bis zum Ende getragen, und der Elefant stirbt normalerweise an Hunger. Tod durch die Hand eines Wilderers war jahrhundertelang die stärkste Bedrohung; in einigen Gegenden sind die Behörden dazu übergegangen, die Stoßzähne vorbeugend abzusägen.

Viele Tiere – wie hier Impala und Giraffe (Bild oben) – trinken gemeinsam von einem der vielen Wasserlöcher im Krüger-Nationalpark. Die Giraffe *Giraffa camelopardalis* hat ein spezielles Kapillarsystem in ihrem Hals, das einen plötzlichen Blutfluß zum Gehirn verhindert, wenn sie ihre ungünstige Haltung zum Trinken einnimmt. Das Giraffenweibchen bringt ihr Junges im Stehen zur Welt, das etwa aus zwei Metern Höhe (entsprechend der Länge eines großen Menschen) auf den Boden fällt. Das Kalb wiegt 70 kg bei der Geburt – so viel wie eine ausgewachsene Impala.

Nächste Doppelseite: Blick vom Tugelafluß, der sich durch die Vorberge des südlichen KwaZulu-Natal seinen Weg sucht; Im Hintergrund bilden die steilen Drakensberge ein faszinierendes Amphitheater.

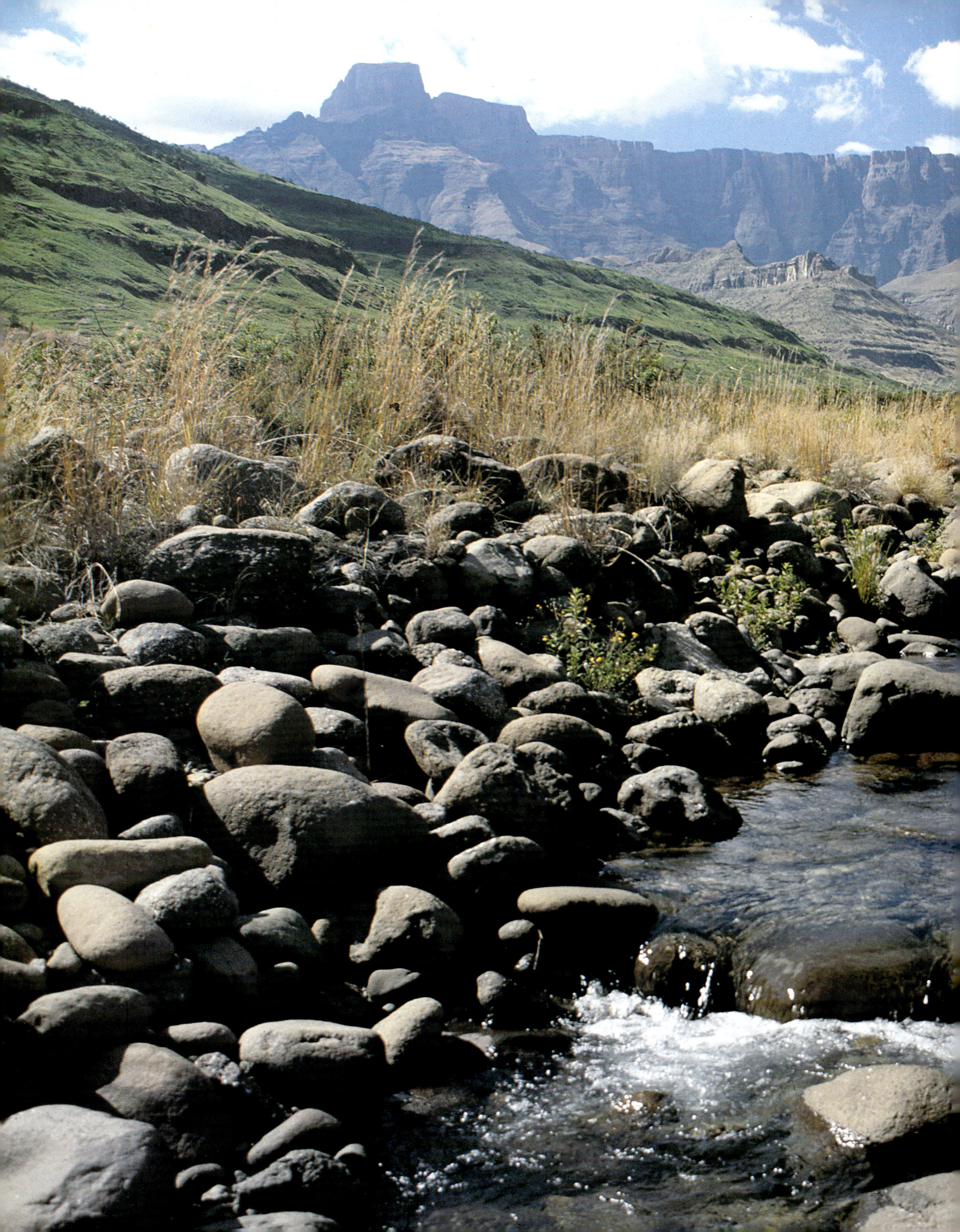

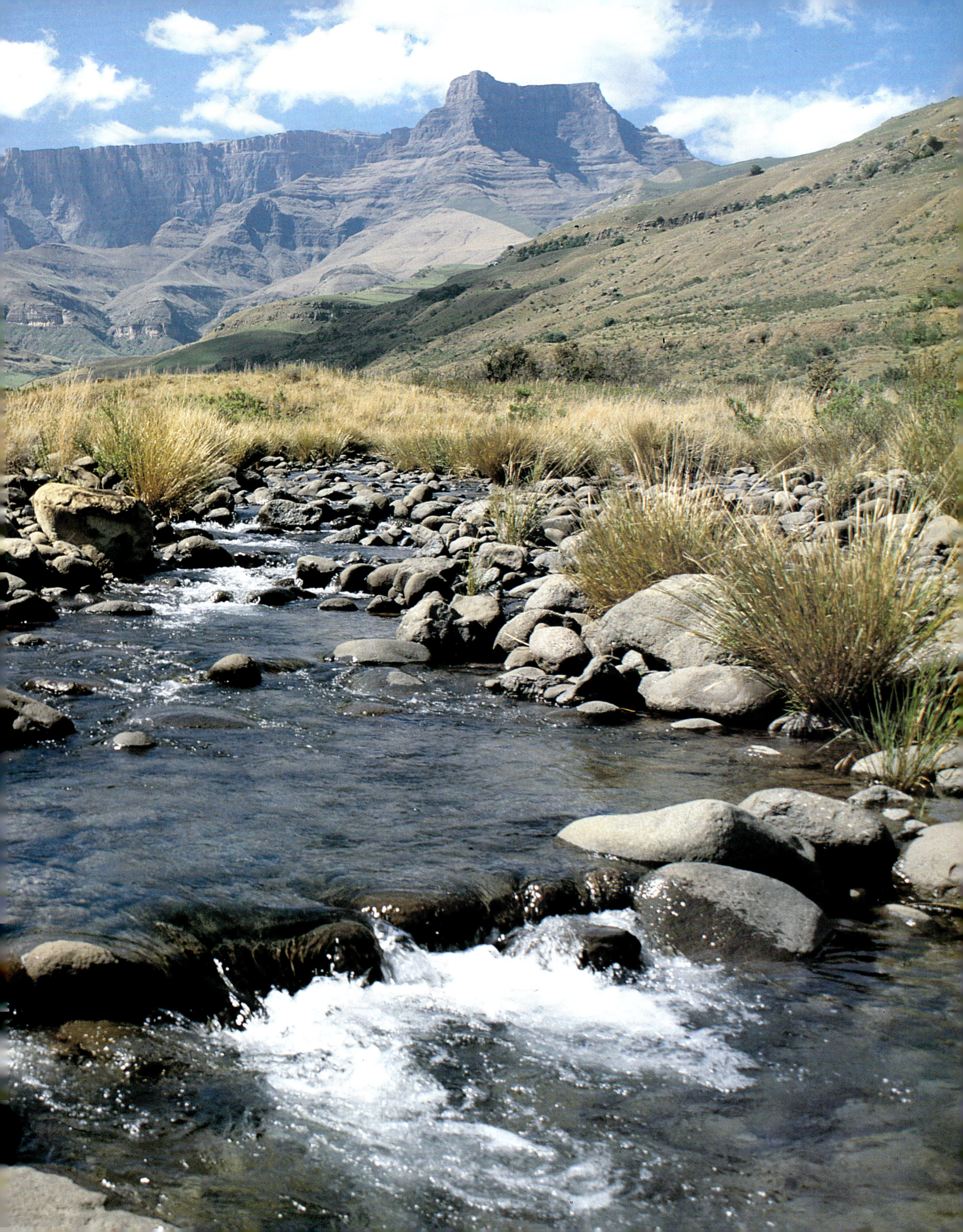

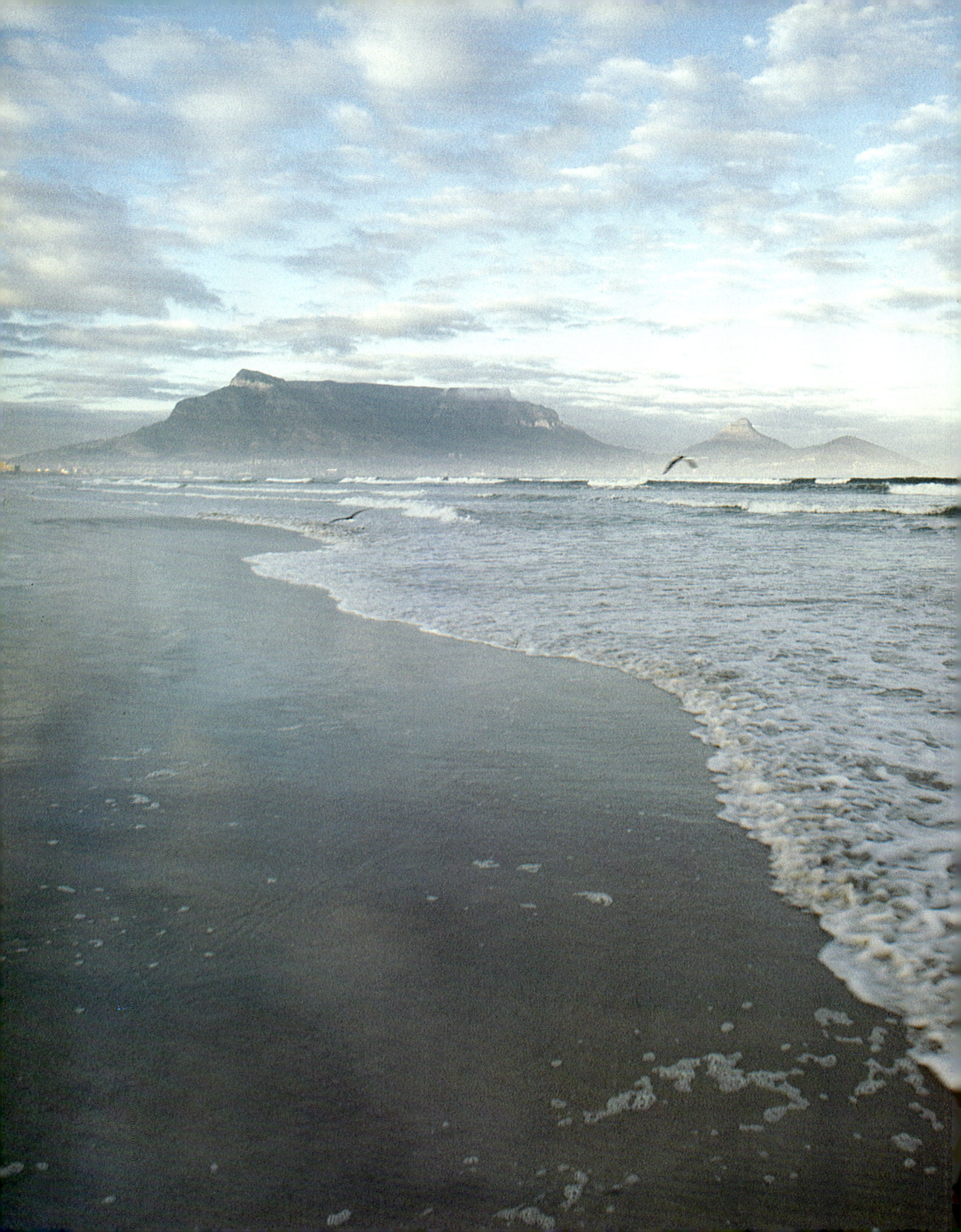

Afrika

Küste

Befindet man sich in der Morgendämmerung am äußersten Ende des Erdteils, so wird man nichts anderes sehen als die im oberen Bereich nebelverhüllten Berge, das sturmgepeitschte Meer und die stillen Flußlagunen – Elemente der Landschaft um die Südspitze Afrikas. Dies ist der Ort, wo die Wale blasen, wo der Küstenbusch sich in den Südostwind duckt, wo der Tang über die rauhen Küstenfelsen zweier Ozeane getrieben wird. Will man die vielen Stimmungen der See und der Sonne, der Wolken und der Winde wahrnehmen, muß man sich an einer Stelle aufhalten. Und eine lange Ruhepause einlegen. Nur das ist angemessen an dem Ort, wo Afrika in solch zauberhafter Großartigkeit endet oder beginnt. Hier hat man die zerbrechliche Schönheit des Kontinents wie in einer Quintessenz, eine letzte Darbietung, bevor Wellen oder Eis des Ozeans im Süden alles bedecken. Das hier ist Südafrika, für viele Menschen noch immer ein (durchaus erreichbares) Traumland – das „Regenbogenland".

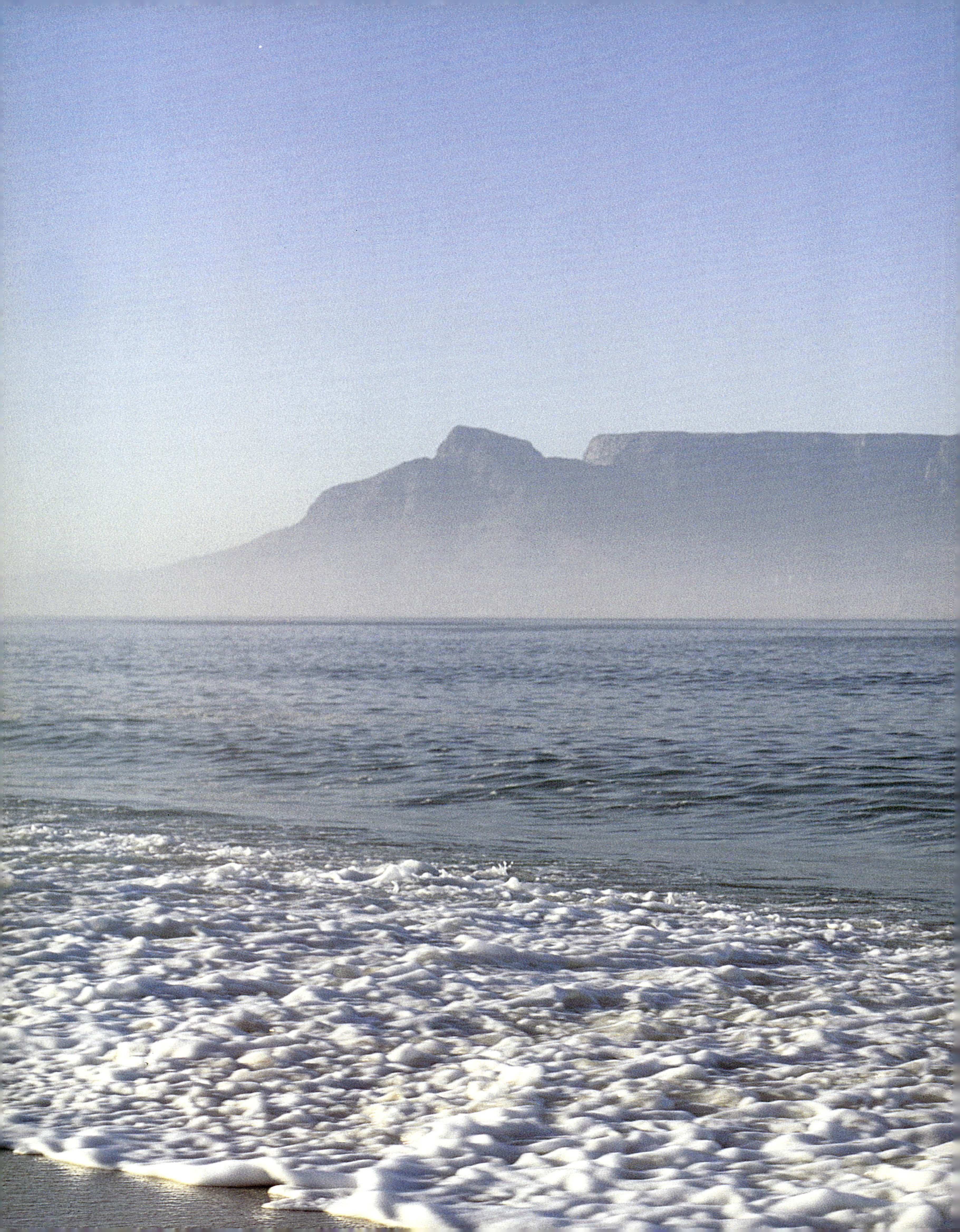

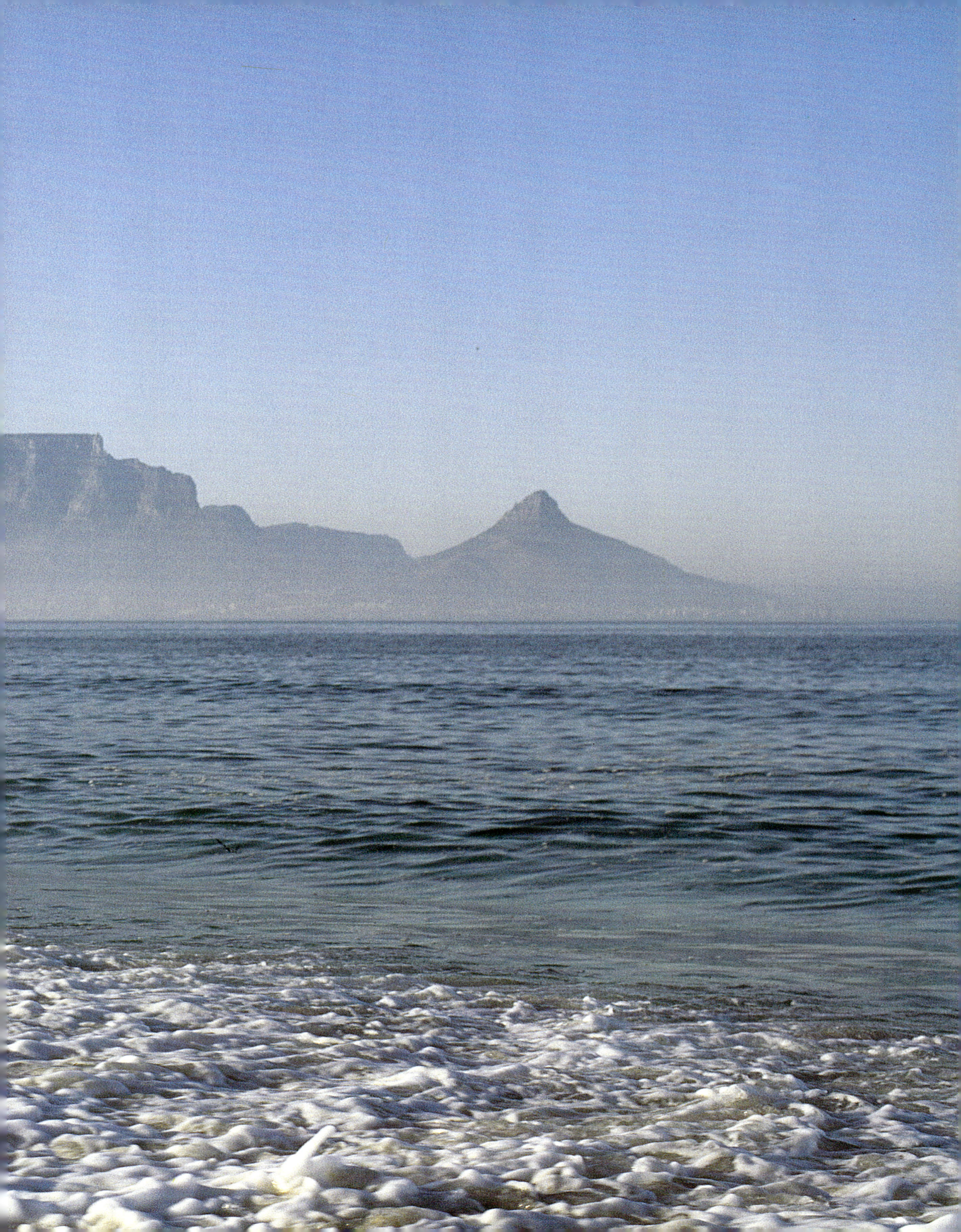

Küste

Afrika
Bewahrte Wildnis

Von der Symphonie des Vlei

Das „Vlei" – die besondere Berg- und Strandlandschaft an der Küste Südafrikas – liegt lange im Jahr öde und trostlos da, doch im Frühling wird sie wiedergeboren: Millionen von gänseblümchenähnlichen Blüten erblühen dann zu einer farbenprächtigen Symphonie. Das Namaqualand bekommt weniger als 120 mm Regen jährlich, aber wenn Mitte des Jahres die Regenschauer niedergehen, wird die Wüste sofort lebendig und zeigt eine außergewöhnliche Pracht aus den verschiedensten Polsterpflanzen. Sie dauert so lange, bis die heißen Sommerwinde auftreten und alles wieder verdorren lassen. Die Blüten öffnen sich in der kühlen Morgendämmerung und schließen sich am Abend.

„Namaqualand" war eines der ersten Wildreservate Südafrikas (bis um die Jahrhundertwende die Gegend von Wild leergeschossen war). Es ist eine wüstenähnliche, trockene Landschaft, die sich vom kalten Atlantik bis an die Westküste des Landes erstreckt. Für einige wenige Wochen im Jahr verwandelt sie sich im Frühjahr in eine endlose Matte aus prächtigen Blüten: Bei jeder Berührung mit dem Regen wird das Veld von einem Teppich aus Blumen in dichten Büscheln überzogen, jeder Hügel (Kopje) bekommt einen Gürtel, jede Mulde wird überzogen. Bei bestimmtem Licht bekommen die Blüten einen besonderen leuchtenden Glanz, der alle Farben silbrig überhaucht.

Vorige Doppelseite: *Blick von der Küste des Bloubergstrandes über die Table Bay (Tafelbucht): Im Hintergrund erhebt sich aus dem Morgennebel Kapstadts Tafelberg, der die Stadt verbirgt.*

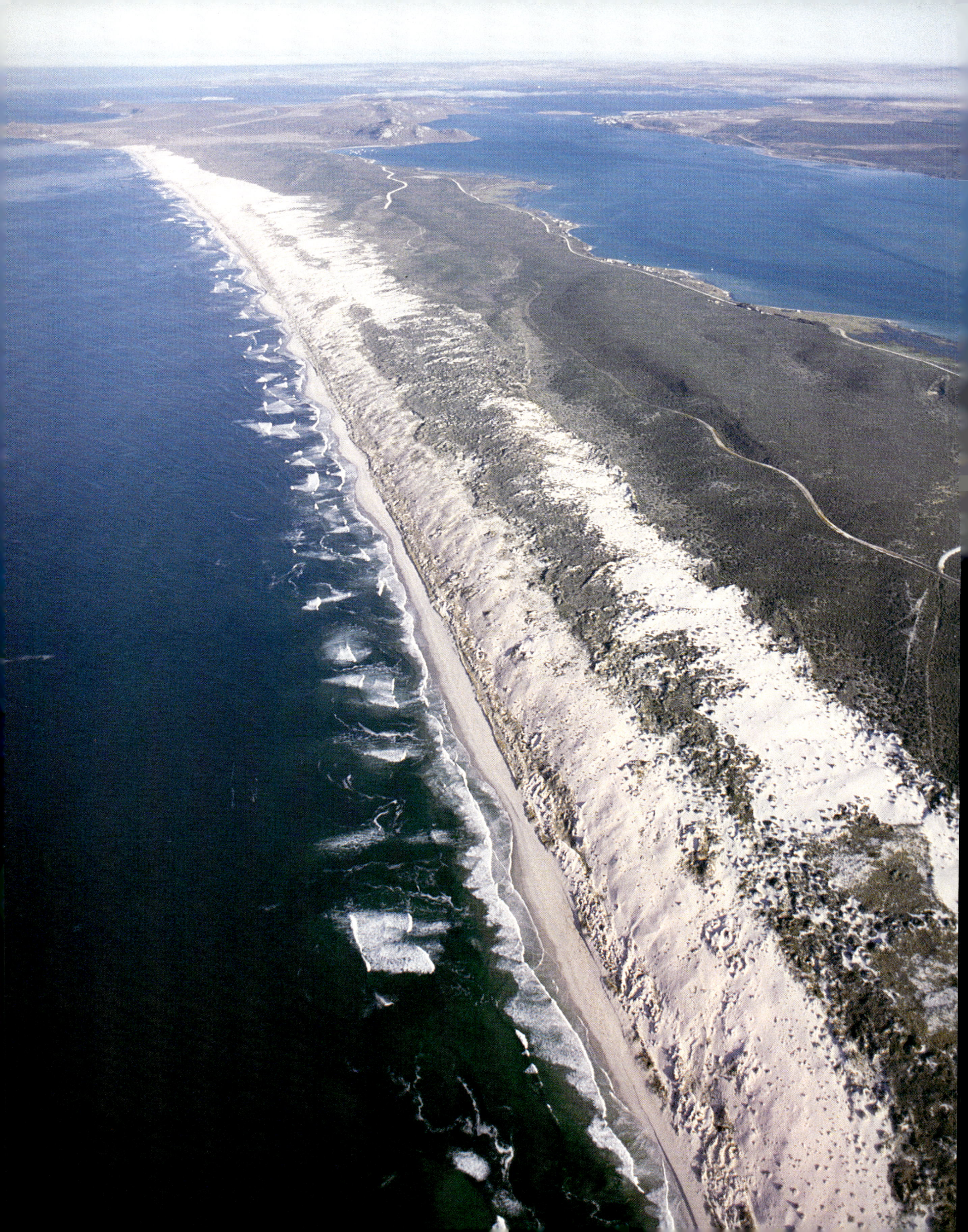

Lärm an der Küste

In den Küstengewässern am Kap lebt eine Fülle von Krebstieren, Meerohr-Schnecken, Seehunden und Pinguinen. In den kostbaren Feuchtgebieten und großen, flachen Lagunen an der kühlen, windumwehten Küste (links) füllen Myriaden von Seevögeln und Watvögeln die Luft mit ihrem ohrenbetäubenden Geschrei und Fluggewimmel.

Auf Brutinseln wie Malgas vor der Westküste des Kaps hört man die Brillenpinguine *Spheniscus demersus* (rechts unten) während der Balzzeit wie Esel schreien. Sie brüten in Kolonien und schwimmen bis zwölf Kilometer ins Meer hinaus, um nach Tintenfischen und Sardellen zu fischen. Die Beute wird unter Wasser verfolgt, dabei dienen die kurzen Flügel als Antriebsflossen. Der einzige speziell in Südafrika heimische Pinguin brütete hier früher zu Millionen. Durch Meeresverschmutzung und industrielle Einflüsse ist ihre Zahl heute auf rund 13 000 abgesunken.

Von den 14 Seevogelarten, die in Südafrika brüten, ist der Kaptölpel *Morus capensis* (rechts oben) eine der auffälligsten. Der große Vogel wiegt mit 2,5 kg fast so viel wie ein Brillenpinguin. Er brütet in großen Zahlen auf den Inseln der Westküste. Die Kaptölpel ernährten sich vorwiegend von Sardinen, bevor der Mensch das verhinderte, sind aber inzwischen auf Sardellen übergegangen. Die Zeit der Nahrungsaufnahme macht immer einen dramatischen Eindruck, viele Vögel kreisen über dem Meer und stoßen ab und zu hinab.

Küste

Wege der Wale

Auch in den Ozeanen weit ab von den langgestreckten Stränden und schroffen Klippen leben Tiere, die man zu den Lebewesen des afrikanischen Kontinents zählen muß. Die weiten, sandigen Buchten von der Kaphalbinsel bis zur Plettenbergbucht an der „Cape Garden's Route" werden gerne vom Südlichen Glattwal *Eubalaena australis* aufgesucht. In den Monaten August bis Oktober kommen die Wale in diese geschützten Gewässer, um sich zu paaren. Das 17 Meter lange Männchen kann bis zu 67 Tonnen wiegen – das entspricht der Masse von zwölf Elefanten, den größten Landtieren der Erde. Das Werbe- und Paarungsverhalten der Glattwale erstreckt sich über mehrere Tage und kann auch in der Nacht andauern. Das Weibchen bleibt normalerweise an der Oberfläche, während das Männchen abtaucht und sie zärtlich umspielt; dabei versucht er sie zu einer seitlichen Drehung zu veranlassen, damit sie sich Bauch an Bauch aneinanderlegen können. Falls sie auf seine Annäherungsversuche nicht eingehen will, dreht sie sich abweisend auf die Seite oder auf den Rücken, so daß die Paarung sich nicht ausführen läßt. Er versucht sie dann aus dem Wasser zu heben und zur Rückdrehung zu bringen. Diese Bemühung setzt er so lange fort, bis sie endlich einwilligt: Als wären die Partner von Freude überwältigt, springen sie dann mehrfach aus dem Wasser heraus, ja, das Männchen macht sogar auf dem sandigen Untergrund einen Kopfstand, bei dem der Schwanz aus dem Wasser herausragt.

Der Südliche Glattwal mit seiner „Mütze", einem warzigen Auswuchs an der Oberkieferspitze (oft mit Seepocken bewachsen), war früher bei den Walfängern sehr beliebt, u. a. weil er nach dem Harpunieren nicht unterging – „right whale", richtiger Wal heißt er deshalb im Englischen. Verwertet wurden in der Vergangenheit außer dem Fleisch das Öl und die Barten, mit denen der lebende Wal den winzigen Krill aus dem Wasser filtert.

Afrika
Bewahrte Wildnis

Küste

Afrika
Bewahrte Wildnis

„Tsitsikamma" bedeutet „funkelndes Wasser". Die rauhe Küste am Kap vor dem Tsitsikamma-Nationalpark mit seinen Schluchten und Wäldern wird von zwei Ozeanen beeinflußt: Die Strömungen des Indischen Ozeans bringen Wärme mit sich, während aus der Antarktis und vom eiskalten Südatlantik über 3 000 km Entfernung immer wieder Kaltfronten heranziehen.

Im Tsitsikammagebiet und in den nahegelegenen Buchten finden sich die schönsten Strände Südafrikas, mit im Sand verborgenen Muscheln in der Brandung, Seeanemonen in den Gezeitentümpeln und den bizarrsten Felsformen. Hoch über den Flußmündungen liegen alte Muschelbänke und einsame Höhlen, in denen vor tausend Jahren die Jäger-Sammler der Küste, die „Strandlopers", ihren Unterschlupf hatten. Der Wald selber ist ein Märchenwald mit Farnen, glitzernden Bächen, Lianen, 40 m hohen Gelbholzbäumen und innen dunklen „Stinkholz"-bäumen (*Ocotea*). Tief im Wald, über den Lagunen, sieht der aufmerksame Beobachter ab und zu im Laubdach einen Knysna-Turako *Tauraco corythaix* smaragdgrün und rot aufblitzen (das Rot der Schwungfedern ist nur im Flug sichtbar).

Küste

Afrika
Bewahrte Wildnis

Musik der Meeresküste

Ein seit langem bekanntes Wahrzeichen der südafrikanischen Küste ist das „Loch in der Wand" (Bild links), ein Felsgebilde, das vom ewig heranrollenden Ozean geformt wurde. In der Sprache der dort heimischen Xhosa wird der natürliche Bogen *esiKhaleni* genannt: „Ort des Lärms". An der ganzen „Wilden Küste" (Wild Coast), jenem trostlosen Randgebiet der Transkei, scheint sich die Natur in rachsüchtigem Aufruhr zu befinden: Unaufhörlich kocht und donnert das Meer am Grund der dunklen Klippen, tückische Korallenriffe haben schon manches Schiff auf Grund laufen lassen. Eine unheimliche Musik ertönt an den leeren Stränden und in den dichten Wäldern der über den hohen Klippen rasch ansteigenden Berge, komponiert aus dem scharfen Wind und der grollenden Brandung.

Etwas weiter nördlich und mehr landeinwärts liegt die Siedlung Ixopo – es ist die Gegend, durch welche die traditionellen Ländereien der beiden wichtigsten Nguni-Völker: Xhosa und Zulu, getrennt wurden. Die einheimischen Zulu – hier ein Mädchen, das sich das Gesicht in überlieferter Art mit einer Lehmpaste bemalt hat – sprechen den Namen wie „eXobo" aus und ahmen dabei den Gang über sumpfigen Boden nach.

Küste

Lebewesen im Meeressand

Meeresschildkröten, die am Strand ihre Eier legen, scheiden die ganze Zeit über Tränen aus. Man könnte meinen, sie weinen über ihre Situation: Alle acht Arten der Erde sind selten geworden und stark bedroht – auch sie ein Opfer der menschlichen Mißachtung und Sturheit. Lebewesen, die sowieso in der Natur besonders gefährdet sind, haben zuerst unter Veränderungen zu leiden. Von den Eiern, die die Lederschildkröte *Dermochelys coriacea* legt, werden weniger als ein Prozent zu einer erwachsenen Schildkröte führen. Zahlreiche Tiere haben an den Eiern und den frischgeschlüpften Schildkröten Interesse. Auch die rosafarbene Geisterkrabbe *Ocypode madagascariensis* gehört dazu, die man an diesen Küsten oft über den silbrigen Sand krabbeln sieht.

Die Lederschildkröte brütet am Maputalandstrand in der Nähe der Kosibucht am „Fluß mit den Golddünen". Die erwachsenen Tiere werden nach wie vor vom Menschen erbeutet: Genutzt werden das Fleisch, das frisch oder eingesalzen verzehrt wird, und der grüne Knorpel von der Panzerinnenseite, woraus man Suppe herstellt; bei den Echten Karettschildkröten wird außerdem immer noch der Panzer als Schale oder Zierstück verwendet. Es gibt sogar Menschen, die die gelben, pingpongball-ähnlichen Eier verzehren. Die entschlossenen Schutzbemühungen Südafrikas haben erste Erfolge gebracht – ähnlich wie auch die Suppenschildkröten auf dem Aldabra-Atoll der Seychellen inzwischen erfolgreich geschützt werden.

Afrika
Bewahrte Wildnis

Küste

Afrika
Bewahrte Wildnis

Der Ruf der Gezeiten

In der Kosi-Bucht – an der Ostküste, wo Südafrika an Mosambik grenzt – wird der Strand von einem 18 km langen Seensystem mit Süßwasser begleitet. Hier haben die Fischer an seichten Stellen aus Holzstäben kleine Krale zum Fang von Fischen gebaut (linkes Bild), die dann eingepfercht und mit einem Speer getötet werden.

Für viele Afrikaner sind die Küste und das Meer der Inbegriff der Wildnis. Südlich vom wärmeren nördlichen Gewässer des Mosambikkanals fließt der Agulhas-Strom und trifft auf das kältere Wasser und die längere Dünung des Südens. Wenn eine Wetterfront von Westen nach Osten gegen die Strömung an der Küste Südafrikas entlangzieht, wird das Meer hier tückisch, es entstehen steile, 20 Meter hohe Wogen, die selbst Öltanker zerbrechen.

Zum Schutz von brütenden Seevögeln wurden kleine Schutzgebiete eingerichtet, die manchmal nur spärlich mit Gras bewachsene Dünen umfassen. Rund 120 Arten kommen an Südafrikas Küste vor. Die Möwen – wie die Hartlaub-Möwe *Chroicocephalus hartlaubii* (Bild oben) – tauchen nicht im Wasser nach Beute, wie es die eigentlichen fischenden Meeresvögel tun, sie holen sich Nahrungsteile von der Oberfläche; oft betätigen sie sich auch als Nahrungsräuber, indem sie kleinere Seevögel dazu zwingen, ihre Beute fallen zu lassen.

Küste

„Ah, dieses Land ist wundervoll." Es war am Weihnachtsmorgen vor fast fünfhundert Jahren, als der wagemutige portugiesische Seefahrer Vasco da Gama zum ersten Mal Natal sah und ihm seinen Namen gab. Von der Schönheit muß er geradezu bezaubert gewesen sein, als er an den Stränden vorbeisegelte und die Dünen mit dem grünen Wald und den seltsamen Strelitziapflanzen sah, die hintereinander gestaffelten Hügel und vielleicht auch andeutungsweise die großen Berge im fernen Hintergrund. Ein Matrose mag vielleicht oben vom Mastkorb in einer der vielen Lagunen eine Bewegung ausgemacht haben: einen großen Elefanten etwa, der gerade mit dem Rüssel Wasser über seinen Rücken spritzte; vielleicht übertönte sogar der Klang der elfenbeinernen Stoßzähne von zwei kämpfenden Tieren die Brandung. Später mag von einer Hügelflanke eine dünne Rauchsäule kaum sichtbar vor der untergehenden Sonne aufgetaucht sein. Was gab es dort für Menschen? Etwas sauberes, frisches Wasser und eine der Früchte könnten für die vom Salzwasser abgehärtete Mannschaft eine Wohltat sein. Aber rasch kam die Nacht heran, und man würde wieder ins Meer zurück müssen, in die Strömung, die sie weiter nach Indien bringen sollte.

An der variantenreichen Küste gibt es für jeden Geschmack etwas: Strände, felsige Ufer und über 200 Flußmündungen. Die Pflanzenwelt ist reichhaltig und schön; ein Beispiel von vielen ist *Scaevola thunburgi* (Bild rechts), die auf Sanddünen wächst und sie gleichzeitig befestigt. Überall verstreut finden sich Gezeitentümpel (am Bildrand sichtbar) mit kleinen Fischen, Schwarzmuscheln, Austern, Seeigeln, Krabben (Langusten), Schwämmen, Tang, Sandgarnelen, kleinen Tintenfischen usw. Bei aller Vielfalt bleibt diese schöne Welt zerbrechlich und muß heute besonders gehegt werden.

Afrika
Bewahrte Wildnis

Küste

Afrika
Bewahrte Wildnis

Das Zauberreich der Küstenlandschaft

Die Blumenpracht an der Westküste, die Großartigkeit der Kapberge, die bis ans Meer reichen, die leeren Strände, die in der langen Brandung funkeln, die lieblichen Lagunen und die mächtigen Klippen an der Wilden Küste – all das hat seinen eigenen Reiz und bietet immer wieder neue Bilder und Düfte in der Meereslandschaft: für Naturliebhaber ein ideales Reiseland.

Das Zauberreich der Küste aber ist Maputaland im äußersten Nordosten Südafrikas – ein Land der Schildkröten und Seen, der Palmen und Pelikane, der geisterhaften Flußwälder, Seerosen, Flamingos und goldglänzenden Dünen. Hier, wo das tropische Afrika mit dem subtropischen Süden zusammentrifft, ist eine besonders reiche Natur entstanden – 21 verschiedene Ökosysteme haben die Wissenschaftler an der 200 km langen Küste und ein Stück landeinwärts gezählt. Von dieser Märchenwelt läßt sich jeder Besucher faszinieren.

Die lebenden Korallenriffe unter Wasser sind zwar klein, aber ausgesprochen farbenprächtig, mit einer Vielfalt an Korallen und Fischen, die an die großen Tropenriffe heranreicht. Eine Unechte Karettschildkröte *Caretta caretta* gleitet fort in das unendliche Blau (links), während an dem scharfkantigen Korallengestein Dutzende von Korallenfischen verschiedener Arten schwimmen, z.B. Felsenbarsche wie *Cephalopholis minatus* (unten).

Küste

Der St.-Lucia-See an der KwaZulu-Natal-Küste ist in Wirklichkeit die vielarmige Mündung mehrerer Flüsse. Das Reservat beherbergt nicht nur eine große Zahl an Vögeln, es dient genauso dem Schutz von Landtieren, die hierher kommen, um von dem üppigen Gras zu weiden; außerdem leben Flußpferde und Krokodile in den Feuchtgebieten. St. Lucia liegt etwa fünf Kilometer von der Ostküste landeinwärts und erstreckt sich über 60 km. Goldgelbe Sandstrände, Grasflächen, Korallenriffe und große, bewaldete Dünen, die zu den höchsten der Welt zählen, sind nur einige der Prunkstücke dieses kostbaren Naturreiches.

Die Vogelwelt weist alle Varianten an großen, kleinen, kräftigen, scheuen und natürlich auch clownesken Vögeln auf. Die Rosa-Pelikane *Pelecanus onocrotalus* (rechtes Bild) – in der Sprache der heimischen Zulu „iVubu" genannt – segeln wie tiefliegende Boote über das Wasser des Sees, während sie in festgefügter V-Formation Fische an eine flache Stelle treiben. Sie nehmen dann Wasser und Fische mit ihrem Schnabel wie mit einer Schöpfkelle auf, drücken das überschüssige Wasser heraus und verschlingen die Beute. Die Vögel dieser Pelikanart, die auch in Asien und Südeuropa vorkommt, können 15 kg schwer werden; die Art mit rosa Rücken bleibt viel kleiner.

Das eine Mal wirkt er wie ein Clown, ein anderes Mal wie ein würdevoller Prinz: Überall an der Südküste Afrikas kann man vom Boot aus Delphine dabei beobachten, wie sie spielerisch ein Boot umschwimmen oder sich in der Brandung tummeln. Der Rotmeer-Tümmler *Tursiops aduncus* (Bild oben) kommt sowohl im Indischen als auch im Atlantischen Ozean vor – am rauhen Kap, an der äußersten Südwestspitze des Kontinents treffen beide Ozeane zusammen.

Nächste Doppelseite: *Stürmisches Kap, schönes Kap, wildes Kap – vor allem aber: Kap der Guten Hoffnung: auch ein Symbol für die letzten bewahrten Wildnisse?*

Afrika
Bewahrte Wildnis

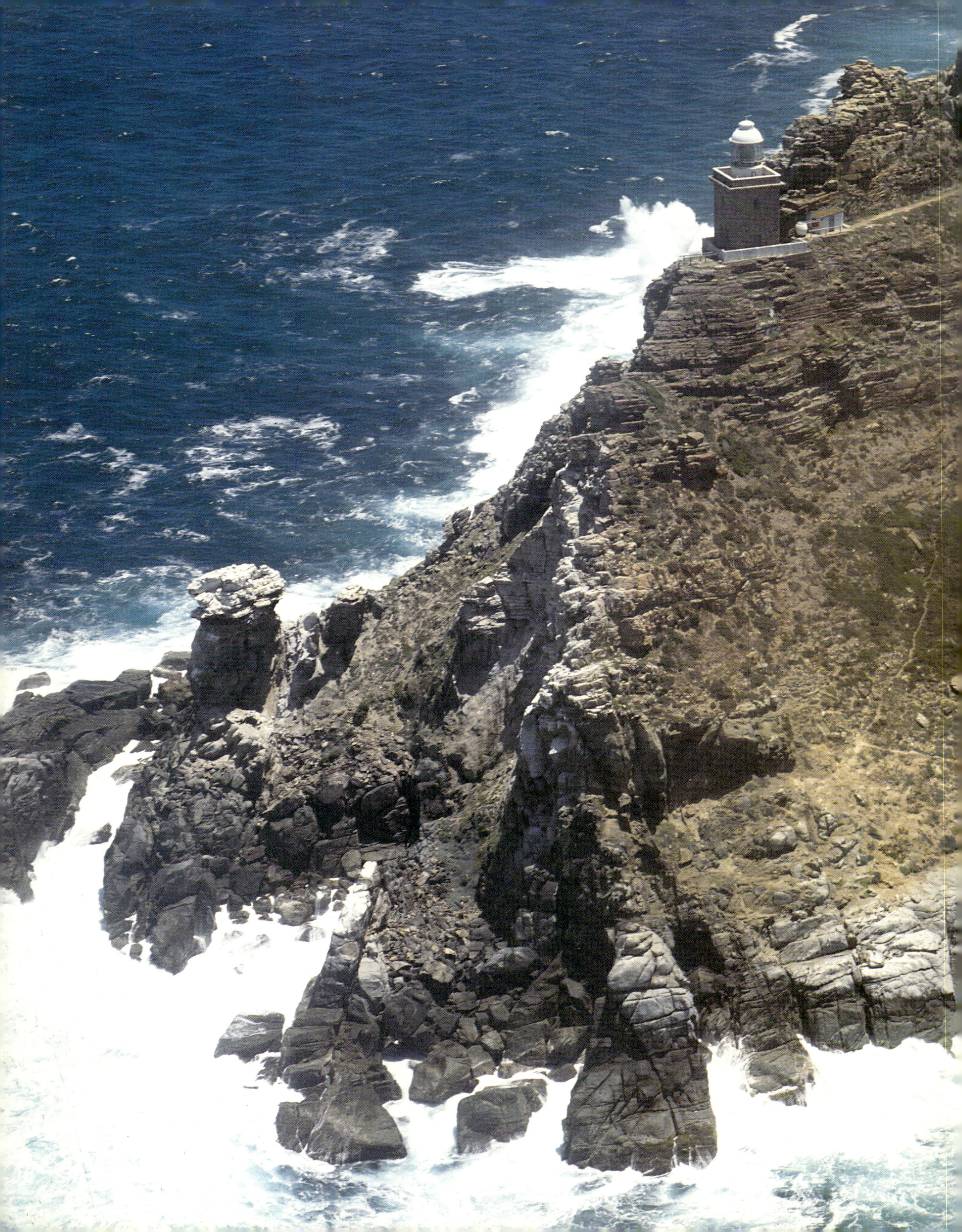

Stichwortverzeichnis

Bei abgebildeten Tieren, Pflanzen, Landschaften usw. bezieht sich die angegebene Ziffer auf das Bild, der zugehörige Bildtext wurde nicht zusätzlich aufgeführt.

Acacia albida 151
Acacia erioloba 19, 115
Accipiter badius 89
Acinonyx jubatus 10, 13, 31, 72, 77, 98, 164, 165, 182
Acryllium vulturinum 42
Actophilornis africanus 181
Adamsonia digitata 202
Addax nasomaculatus 14, 19
Aepyceros mylampus (Impala-Antilope) 211
Affenbrotbaum 178/79, 202, 203
Ägypten 12-14
AIDS 17
Akazien, s. Acacia
Albertsee 122
Alcelaphus buselaphus 75
Aloë dichotoma 104/05, 106
Angola 96, 108, 149, 167
Anhinga rufa 180
Antidorcas marsupialis 101, 188/89
Aporosaura anchietae, s. Sandtaucher-Eidechse
Arctocephalus pusillus, s. Seebär, Südafrikanischer
Ardea cinerea 196
Asante (Volk) 12
Äthiopien 15, 17-18, 39, 195
Äthiopier 16
Atlantischer Ozean 81, 82, 93, 236
Atlasgebirge 19
Augrabies Falls 188

Bakonjo (Volk) 136
Baobab, s. Affenbrotbaum
Baringosee 49
Bartgeier 195
Baumschlange, Grüne 75
Beiseb-Ebene 84/85
Bitis peringueyi 112
Blatthühnchen, Blaustirn- 181
Blouberg strand 219
Blyde-Fluß 207
Bogoriasee 40, 46/47
boomslang, s. Baumschlange, Grüne
Botswana 40, 74, 100, 111, 143, 149, 163, 167, 201, 208
Brandberg 12, 102, 103
Brillenpinguine 221
Büffel (Kaffern-) 44/45, 63, 155, 174
Büffel, Wald- 136
Buphagus africanus 63
Burundi 122,128
Buschmänner (Volk) 13, 96, 103, 111, 180
Buschschwein 126
Bvumba (Gebirge) 158

Cabora Bassa (Staudamm) 154, 173
Canis mesomelas 207
Caprivi 149, 167, 180
Caretta caretta 235
Cephalopholis miniatus 235
Ceratotherium simum 198
Cercopithecus aethiops 207
Cercopithecus l'hoesti 136
Cercopithecus nictitans 138
Chalbi-Wüste 54
Chamaeleo dilepis 87
Chamäleon, Lappen- 87
Chelonia mydas, s. Suppenschildkröte
Chilojo-Klippen 160
Chimanimani (Gebirge) 158
Chobe-Fluß 143, 163
Chobe-Natur-Reservat 149

Chroicocephalus hartlaubii 231
Clivie 132
Connochaetes taurinus 12, 17, 34, 42, 57, 94, 98
Conraua goliath 139
Coracius caudata 100
Corythornis cristatus 164
Crocodylus niloticus 122, 167
Cuando-Fluß 143, 163

Damagazelle 18
Damaliscus lunatus, s. Sassaby(-Antilope)
Damaraland 81
Darwin, Charles 115
Dattelpalme 164
Delphine, s. Tümmler, Rotmeer-
Dermochelys coriacea 228
Diceros bicornis 53
Dispholidus typus 74
Dogon (Volk) 20
Drakensberge 20, 207
Dumpalme 56, 74

Eisvogel, Malachit- 164
El Molo (Volksstamm) 39
Elefant, Afrikanischer 22, 50, 66/67, 74, 78/79, 81, 92, 150, 151, 153, 154, 183, 191, 201, 206, 210
Elgon (Berg) 125
Equus burchelli 43, 86, 172/173, 185, 190
Equus grevyi 42, 63
Equus zebra zebra 190
Erdwolf 93
Eretmochelys imbricata 228
Etjo (Berg) 115
Etoscha 40, 82-85, 90/91, 94-99
Eubalaena australis 222-223

Felis lybica 188
Felsenbarsche 235
Felskunst, -bilder, -ritzungen 13, 103
Fish River Canyon 110
Flamingos 19, 41, 46/47, 70/71
Flußpferd 124, 175, 201
Flüsse 142-183
Fossey, Dian 128, 131
Fuchs, s. Kapfuchs

Gabbra (Volk) 54
Gabelracke 100
Gama, Vasco da 152, 232
Gaukler 21, 56
Gazella thomsoni 42
Gazella dama 18
Gecko, Pfeif- 112
Gecko, Wüsten- 106
Geisterkrabbe 229
Gepard 10, 13, 31, 72, 77, 98, 164, 165, 182
Gerenuk 44
Giraffa camelopardalis 49, 80, 148, 162, 211
Giraffa camelopardalis reticulata 30
Giraffe 49, 80, 148, 162, 211
Giraffe, Netz- 30
Giraffengazelle, s. Gerenuk
Glattwal, Südlicher 222-223
Gnus, Weißbartgnu 12, 17, 34, 42, 57, 94, 98
Goliathfrosch 139
Gombe-Nationalpark 131
Gonarezhou 161, 201
Goodall, Jane 131
Gorilla 18, 21, 133, 134, 140
Gorilla gorilla beringei 18, 130
Gorilla, Berg- 18, 128, 130
Gorilla, Flachland- 128
Grabenbruch, Afrikanischer, s. Rift Valley
Graureiher 196
Great Rift Valley, s. Rift Valley

Grus carunculatus 180, 198
Gypaetus barbatus 195
Gyps coprotheres 195

Haliaeetus vocifer 21, 154, 167
Hartlaub-Möwe 231
Heteropoda leucorchestris 106
Himba (Volk) 16, 77
Hippopotamus amphibius 124, 175, 201
Hluhluwe 198, s. auch Umfolozi
Hoba 115
Homo habilis 72
Hwange-Wildreservat 149, 173
Hyäne Tüpfel- 171
Hyperolius spec. 164
Hyphaene, s. Dumpalme

Imire 211
Impala(-Antilope) 211
Indischer Ozean 158, 201, 225, 236
Inyangani (Berg) 159
Ixopo 227

Junonia hierta cebrene 94

Kafue-Fluß 152
Kalahari 12, 20, 21, 93, 96, 149, 152, 167, 184, 188
Kalahari Gemsbok National Park 186/87
Kameldornbaum 19, 115
Kamerun 18, 127, 128, 138
Kaokoland 76/77
Kaokoveld 78/79
Kap Cross 116/17
Kap der Guten Hoffnung 238/39
Kapfuchs 93
Kapgeier 195
Kapstadt 40, 219
Kaptöpel 221
Karettschildkröte, Unechte 235
Karettschildkröte, Echte 228
Kariba-Staudamm 175
Karibasee 22, 154, 173
Karru (Karoo) 20, 185, 192/93
Katzenfische 154
Kavango-Fluß 143, 166/67, 168/69, 173
Kenia 27, 39, 44, 49, 74, 125, 195, 198
Kenya, Mount Kenya (Berg) 30
Khoikhoi (Volk) 195
Kibo (Gipfel des Kilimandscharo) 58/59
Kilimandscharo 12, 21, 26/27, 58/59, 60/61
Kitandara-Seen 132
Klunkerkranich 180, 198
Knysna-Turako 225
Köcherbaum 104/05, 106
Kololo (Volk) 147
Kongo (Fluß) 12, 21, 118, 122, 138
Kosi-Bucht 228, 230
Krokodil, s. Nilkrokodil
Krüger-Nationalpark 20, 185, 190, 197, 200/01, 207, 208
Kudu(-Antilope), Großer Kudu 82/83
Kuhantilope 75
!Kung-Buschmänner (Volk) 111
Kuruman 152
Küste 20, 214-239
KwaZulu-Natal 236
Kyogasee 122

Laetoli-Ebene 72
Lämmergeier, s. Bartgeier
Leakey, Louis 72, 131
Leakey, Mary 72
Leakey, Richard 39
Lederschildkröte 228
Leopard 35, 50, 62, 71, 97, 208
Lesotho 195
Letaba 196, 200
Limpopo-Fluß 161, 201, 204/05
Linyante-Fluß 143, 163
Litocranius walleri 44
Livingstone, David 122, 143,147, 152
Livingstone, Mary 152

Longa-Mavinga 149
Löwe 24/25, 27, 50, 52, 96-97, 170/71, 184, 201, 208
Loxodonta africana 22, 50, 66/67, 74, 78/79, 81, 92, 150, 151, 153, 154, 183, 191, 201, 206, 210
Loyangalani 39
Lunae Montes, s. Ruwenzoriberge
Luvironza-Fluß 122
Lycaon pictus 22, 23, 171, 176/177

Madenhacker, Rotschnabel- 63
Magadisee 68/69
Makgadikgadi-Salzpfannen 40, 163
Malawisee 27, 156/57, 158, 180
Maluti-Berge 194/95
Mana Pools 152
Mana-Pools-Nationalpark 151
Manis temminckii 149
Maputaland 228, 235
Masai Mara (Wildreservat) 12, 36, 49, 56/57
Massai (Volk) 36, 40, 65, 72/73
Matobo-Hügel 161
Matusadona 154/55
Mawnzi (Gipfel des Kilimandscharo) 59
Meerkatze, Grüne 207
Meerkatze, Vollbart- 136
Meerkatze, Dunkle Weißnasen- 138
Mendes-Antilope 14, 19
Meroles reticulatus 106
Merzouga 13
Mitumbaberge 122
Mobutu-Sese-Seko-See, s. Albertsee
Mondberge, s. Ruwenzoriberge
Morus capensis 221
Mosambik 154, 158, 201, 207, 231
Murchison-Fälle 122-125

Naivasha-See 49
Namaqualand 218/219
Namib-Naukluft (Schutzgebiet) 20, 88, 201
Namibia 40, 74, 81, 86, 96, 100, 103, 108-111, 134, 149, 167, 201, 232
Namibwüste 12, 82, 88, 112, 115
Nashorn, Spitzmaul- 53
Nashorn, Breitmaul- 198
Nashörner 81
Natal, s. KwaZulu-Natal
Natronsee 40
Ndebele (Volk) 197
Ngorongoro 64, 65, 66/67, 68/69, 70/71, 72, 74-75
Niger (Fluß) 18, 122
Nil (Fluß) 11-12, 22, 122, 125, 154
Nilkrokodil 122, 123, 125, 167
Njassasee, s. Malawisee
Njemps (Volksstamm) 49
Nkhata-Bucht 156/57
Nyanga (Gebirge) 158

Ochsenfrosch 85
Ocypode madagascariensis 229
Ohrengeier 208
Okapi 127
Okapi johnstoni 127
Okawango 21, 40, 162-164, 167, 168/69, 180, 211
Ökotourismus 23
Olduvaischlucht 39, 72, 103
Onymacris unguicularis (Schwarzkäfer) 106/107
Oranjefluß 12, 188
Oryx gazella 20, 113, 186/87
Otaviberge 115, 134

Palmatogekko rangei (Wüstengecko) 106
Palmen, s. Dattel-, Dumpalme
Pan troglodytes 131, 135
Panthera leo 22, 24/25, 27, 50, 52, 96-97, 170/71, 184, 201, 208
Panthera pardus 35, 50, 62, 71, 97, 208
Papio ursinus 173, 202
Papio anubis 51

Pavian, Bären- 173, 202
Pavian, Anubis- 51
Pelecanus rufescens 236
Pelecanus onocrotalus 236/37
Pelikan, Rötel- 236
Pelikan, Rosa- 236/37
Perlhuhn, Geier- 42
Phacochoerus aethiopicus 127
Phoenicopterus minor 40
Phoenix dactylifera, s. Dattelpalme
Pinselohrschwein, s. Buschschwein
Plectorhynchus orientalis 32
Pondokberge 104/05
Potamochoerus porcus 127
Protea spec. 215
Proteles cristatus 93
Ptenopus garrulus 112
Pygmäen (Volk) 15,126/127
Pyxicephalus adspersus 85

Quagga 190

Regenwald 118-141
Rhodes, Cecil John 161
Riedfrösche 164
Rift Valley 12, 21, 27-75, 39,134, 158, 195
Robert, Frère 22
Ruanda 128, 132
Runde-Fluß 161
Ruwenzoriberge 119, 120/21, 125, 132, 136

Sagittarius serpentarius 82
Sahara 12, 13, 17, 18, 103, 112
Sahel 12, 18
Sambesi-Fluß 12, 122, 143, 144/45, 147, 151-154, 158, 173, 175, 180
Sambia 152, 198
Samburu 30, 31, 67
San-Buschmänner 88
s. auch Buschmänner
Sandtaucher-Eidechse 106
Sassaby(-Antilope) 98
Save-Fluß 161
Scaevola thunburgi 232/33
Schakal, Schabrackenschakal 89, 207
Scharreidechse, Netz- 106
Schaschi-Fluß 161
Schikrasperber 89
Schindi-Insel 162
Schira (Gipfel des Kilimandscharo) 59
Schlangenhalsvogel, Afrikanischer 180
Schmetterlinge, s. *Junonia hierta cebrene*
Schona (Volk) 161
Schreiseeadler 21, 154, 167
Schuppentier, Steppen- 149
Schwarzkäfer 107
Seebär, Südafrikanischer 116/117
Sekretär 82
Selous-Wildschutzgebiet 201
Serengeti 12, 28/29, 35, 42, 49, 53, 65, 72, 208
Shire-Fluß 158
Simbabwe 12, 14, 15, 149, 151, 152, 158, 161, 173, 201, 211
Sitatunga (Antilope) 163
Skelettküste 81, 108, 109
Somalia 17, 18, 44
Sossusvlei 20, 113-115
Spheniscus demersus 221
Spießbock, Südafrikanischer 20, 113, 186/87
Spinnen 106/07
Spitzmaulnashorn 53
Springbock 101, 188/89
St.-Lucia-See 40
Stanley, Mount (Berg) 132
Stanley, H.M. 136
Strandlopers 225
Strauß 94/95
Struthio camelus 94/95
Südafrika 40, 198, 215
Sudan 11, 18, 39, 125

Suppenschildkröte 228
Süßlippe, Östliche (Fisch) 32
Syncerus caffer nanus 136
Syncerus caffer 44/45, 63, 155, 174

Tafelberg 214, 216/17
Tanganjikasee 131, 158
Tansania 27, 28/29, 35, 40, 131, 195, 198, 201
Tassili-Hügel 13, 14, 103
Tauraco corythaix 225
Tenebrionide 107
Terathopius ecaudatus 21, 56
Thomsongazelle 42
Timbuktu 18
Torgos tracheliotus 208
Tragelaphus spekei 163
Tragelaphus strepsiceros 82/83
Transkei 226/27
Tsauchab-Fluß 115
Tsavo-Nationalpark 44
Tschadsee 18
Tsitsikamma-Nationalpark 224/25
Tsodilo-Berge 111
Tümmler, Rotmeer- 236
Turkanasee 38/39, 54/55
Tursiops aduncus 236
Twyfelfontein 103

Ubangi-Fluß 138
Uganda 122, 125, 128, 132, 141
Umfolozi 198; s. auch Hluhluwe

Veld 20, 184-213
Victoria-Nil (Fluß) 122
Viktoria-Fälle 12, 142-147, 149
Viktoriasee 21, 35, 122, 125
Virungaberge 122, 125, 131
Vulpes chama 93

Wale, s. Glattwal, Südlicher
Walfischbucht 40
Wanderungen (der Gnus u.a.) 13/14, 17, 35, 52/53
Warzenschwein 127
Welwitschia, *Welwitschia mirabilis* 115
Wespe, Schwarze Dünen- 106
"White Lady" (Spinne) 106
"Wilde Küste", s. Wild Coast
Wild Coast 227, 235
Wildhund, Afrikanischer 22, 23, 171, 176/177
Wildkatze, Afrikanische 188
Wüste 76-117

Xai-Xai 204/05
Xhosa (Volk) 227
Zaïre 11, 21, 119, 127, 128, 132
Zaïre (Fluß) - s. Kongo
Zebra, Kap-Berg- 190
Zebra, Grevy- 42, 63
Zebra, Burchell- 43, 86, 172/73, 185, 190
Zebras 34, 36/37, 42, 98/99, 170/71
Zeburinder 36, 72
Zulu (Volk) 227
Zwergfischer, Hauben- 164
Zwergflamingo 40
Zwergpuffotter 112